Georg Leonhard Schwarz

Reise nach Ostindien

Georg Leonhard Schwarz

Reise nach Ostindien

ISBN/EAN: 9783743691018

Hergestellt in Europa, USA, Kanada, Australien, Japan

Cover: Foto ©Andreas Hilbeck / pixelio.de

Weitere Bücher finden Sie auf **www.hansebooks.com**

Georg Leonhard Schwarzens

von Beutelspach aus dem Herzogthum Würtemberg
gebürtig, Herzoglichen Herren = Kiefers
zu Münster bey Cantstatt

Reise

nach

Ostindien

worinnen

mancherley Merkwürdigkeiten

besonders aber
die im Jahr 1740. in seiner Anwesenheit zu
Batavia vorgefallene Rebellion der Chineser und
die darauf erfolgte grosse Niederlage derselben
umständlich und aufrichtig beschrieben
worden.

Zweite verbesserte und vermehrte Auflage.

Frankfurt und Leipzig
bey Johann Christoph Erhard,
Buchhändlern in Stuttgart. 1774.

Allen seinen

Gönnern

und

guten Freunden

widmet

diese

mit so vieler Mühe

durchgesehene und verbesserte

zweite Auflage

der

Ostindianischen

Reise-Beschreibung

und

empfiehlet sich hierdurch

zu fernerem Wohlwollen,

Liebe und Freundschaft,

der Herausgeber.

Vorrede
zu der ersten Auflage.

Geneigter Leser!

Diese kleine Beschreibung einer grossen Reise ans Licht zu stellen, veranlasset mich nicht die Begierde, dadurch bekannt zu werden; sondern die Geflissenheit, das Verlangen dererjenigen Gönner und Freunde zu erfüllen, welche mehr als einmal gewünschet haben, dasjenige, was ich von meiner Reise aufgezeichnet, gedruckt zu sehen, um das, was ihnen davon erzehlet worden, umständlicher lesen zu können. Ich begehre nicht unter die berühmten Schriftsteller gezehlet zu werden, und habe mich dahero keiner zierlichen Reden und Ausdrücke beflissen, wozu ich auch die Geschicklichkeit nicht besitze: Doch, was die Sachen selbst anbelanget, ist dasjenige, was ich in diesen entlegenen Landen selbsten gesehen, oder auch zuverlässig gehö-

ret,

ret, von mir aufs redlichste beschrieben worden. Da die Reise-Beschreibungen von einem Barchewitz, Patdies, Langhans,
Wintergerst, Hemmersam, Kühn, und
mehrern andern Handwerksleuten, ihre Lieb-
haber gefunden, so verspreche ich mir, daß
auch dieser kleine Aufsatz denenjenigen nicht
unangenehm seyn werde, deren Umstände es
ihnen nicht zulassen, sich kostbare Werke anzuschaffen, und die sich auch wohl hinter einem warmen Ofen mit Lesung dessen zu belu-
stigen pflegen, was andere in Sturm und
Wellen, und unter barbarischen Völkern aus-
gestanden und erfahren haben. Ich verspreche dem geneigten Leser nicht, daß solcher hier
lauter seltsame und ganz unbekannte Sachen
antreffen werde; glaube aber doch, er werde
in diesen wenigen Blättern ein und anderes
finden, welches zu wissen ihme ergözlich seyn
könne. In dessen Hoffnung ich denselben dem
Schutz des Höchsten, mich aber dessen Gunst und
Gewogenheit bestens empfehle. Münster im
Herzogthum Würtemberg, den 3ten May,
1748.

Vor-

Vorbericht
zu dieſer zweiten Auflage.

Da der Verfaſſer dieſer Oſtindianiſchen
Reiſe-Beſchreibung von vielen ſeiner
Gönner und guten Freunde, die auf auslän-
diſche Sachen begierig zu ſeyn ſcheinen, häufig angegangen worden, dieſelbe wiederum
von neuem auflegen zu laſſen, weilen auch
vor Geld kein Exemplar mehr zu haben ware;
ſo hat der nunmehrige Verleger demſelben auf
ſein Anſuchen ſchon vor etlichen Jahren zuge-
ſaget, eine neue und verbeſſerte Auflage davon zu veranſtalten.

Es wurde mir zu dem Ende von demſelben ein Exemplar der im Jahr 1748 auf des
Werf. eigene Koſten gedrukten erſten Auflage
dieſer Reiſe-Beſchreibung zugeſtellet, welche
ich durchſehen, die Schreibart verbeſſern,
ſolche von denen häufigen Schreib- und Druk-
fehlern reinigen, und überhaupt in eine andere Ordnung bringen ſollte, damit ſolche

diß=

dißmalen in einer erträglicheren Gestalt als
das erstemal, erscheinen möchte.

Ich muß gestehen, daß ich mir diese Arbeit anfänglich leichter und angenehmer vor-
gestellet, als ich solche in der Folge der Zeit
gefunden habe. Alleine, wann sich der geneigte Leser den Verf. als einen zwar guten
und ehrlichen, aber als einen Handwerksmann vorstellet, der ehedeme in der Schule
etwas schreiben, lesen und rechnen gelernet,
der aber von seinem Schulmeister zu nichts weniger als einer historischen Schreibart angehal-
halten worden; so wird man mir hierinnen
gar leicht allen Glauben beymessen können,
wann ich den geneigten Leser über dieses voraus versichere: daß, da die erwehnte erste
Ausgabe dieser Reise-Beschreibung ehedeme
von des Verf. eigener Handschrift abgedrukt
worden, ohne von jemanden durchsehen zu
werden, und der Buchdrucker damals weder
Zeit, noch Gedult, vielweniger das nöthige
Geschick gehabt, die Schreibart zu verändern
oder zu verbessern; so konnte es nicht fehlen,
es mußten alle Fehler im Styl und in der

Recht:

Rechtſchreibekunſt getreulich beybehalten, und vielleicht noch mit neuen vermehret werden.

Da ich einmal angefangen habe, meine unſägliche Mühe bey dieſer Arbeit, und den unendlichen Vorzug dieſer zweiten gegen der erſten Auflage, der Welt vor die Augen zu legen; ſo wird mir vergönnet ſeyn, einige Exempel zu meinem Vorſtand beizubringen, woraus der geneigte Leſer leichtlich erſehen wird, daß der erſte Druck Sachen enthalten, die ſich wirklich widerſprochen haben, und woraus man einen ganz andern Sinn hätte herausbringen können, oder die man vielleicht gar nicht verſtanden haben wird.

So hat zum Exempel der Verf. in dem erſten Druck S. 8. Nahmen der Städte und Länder angegeben, die von keinem Menſchen jemals gehöret worden ſind. Was ſolle oder will er mit Salunda, Sarada, Darnada ꝛc. ſagen? Mit vieler Mühe habe ich endlich, auf mündliches Befragen, von ihme herausgebracht: daß er Zeylon, Suſrate, und Ternate darunter verſtanden

a 5. wiſſen

wissen wolle, welches ich auch S. 8. 9. des
zweiten Drucks also verbessert habe.

S. 22. ersten Drucks sagt er: Das
wurde aber unter uns an der Gab wieder
am Wein verzehret ꝛc. womit er die Cap
oder das Cap de bonne Esperance hat an-
zeigen wollen.

Wann er S. 29 ersten Drucks von denen Hottentotten und von ihrer Art zu mel-
ken, spricht, so meldet er: der eine hielte
sein Fell unters Eiter, das sie auf dem
Rücken tragen ꝛc. Sollte man nicht anfänglich vermuthen: die Kühe der Hottentotten tragen das Euter auf dem Rücken? Der
neue Druck erkläret dieses Räzel, wann
es S. 34 heißt: der eine hielte sein Fell,
das sie auf dem Rücken tragen, unter
das Euter. Das ist ihme hieben noch zu
verzeihen, daß er Euter (uber) mit Elter
(sanies) verwechselt hat.

S. 31. ersten Drucks, wann er zuerst
die Straussen, sodann ihre Eyer beschreibt,
so meldet er: er habe selbsten viele dergleichen gegessen, auch eines mit hieher

zu dieſer zweiten Auflage.

her gebracht, ſie haben zwar Flügel
und Federn, können aber wegen ihrer
ziemlichen Gröſſe nicht fliegen ꝛc. und
da könnte man anfänglich überhaupt glauben, der Autor wolle uns weis machen,
die Eyer der Strauſſen haben Flügel,
und Federn ꝛc. wann man nicht bey we-
nigem Nachſinnen ſogleich bemerkte : daß
letzteres von denen Vögeln ſelbſten, nicht
von ihren Eyern zu verſtehen ſeye.

Endlich machte es auch noch in dem Leſen einen kleinen Anſtand, wann man in dem erſten Druck S. 39. Damerein-Bäume
ſtatt Tamarinden - Bäume, S. 74.
Einang ſtatt Piſang, S. 95. die Stadt
Columba ſtatt Columbo und ebendaſelbſt
Adams-Bick, ſtatt Adams-Pick, S. 124.
und 126. aber Tigedun ſtatt Ducaton gefunden hat. Ein geübter Leſer wird zwar einen ſolchen Fehler leichtlich verbeſſern können.
Sind aber alle Leſer geübet? und ſind alle derſelben im Stande, dergleichen Fehler einzuſe-
hen, oder zu verbeſſern? Wenigſtens ſind dergleichen Schreibefehler allemahl unangenehm
und

und der Irrthum pflanzet sich hierdurch bey Unwissenden gar leicht von einem auf den andern fort; da wir im Gegentheil durch das Lesen eines guten und wohlgeschriebenen Buches unsern Verstand, ja unsere Schreib- und Redensarten leichtlich verbessern könnten, wann wir anders mit einigem Nachdenken zu lesen gewohnet sind.

Die übrige häufige Undeutlichkeiten will ich, um beliebter Kürze willen, nicht einmal berühren, weilen die angezeigte schon genug seyn werden. Wer Gedult und Zeit hat, auch sich die Mühe nicht verdrüßen lassen will, mehrere dergleichen in der ersten Ausgabe zu suchen, dem wird es nicht schwer fallen, noch eine grosse Menge derselben zu entdecken, wodurch also der merkliche Unterscheid der beyden Auflagen jedem leichtlich bey der Untersuchung in die Augen fallen muß.

Nachdeme ich nun die Schreib- Art des vorigen Exemplars verbessert, und solches fast gänzlich umgearbeitet hatte, so mußte ich eine Handschrift gegen dasselbe halten, das der Autor von seiner Reise, auf das neue zusam-

zusammen zu schreiben, sich die Mühe ge=
nommen, und worinnen er würklich einige
Vermehrungen beygebracht hatte. Hier hat=
te ich nun mit neuen Ungeheuern zu kämp=
fen; dann ich fande z. E. die barbarische
Wörter: **Ensel, Tuwac, Cave, Mehr,
Ellivandren, Regilion,** statt **Insel,
Tabac, Caffe, Meer, Elephanten,
Religion,** u. a. m. darinnen angebracht.
Und so ware die übrige Schreib=Art gleich=
falls eingerichtet. Doch kan ich einem Hand=
werksmann, der es nicht besser gelernet
hat, hierinnen alles vergeben. — Was nun
merkwürdige Verbesserungen waren, die ha=
be ich würklich aus dieser Handschrift genom=
men. Da er aber am Ende derselben noch
andere, um Java herum liegende Länder und
Inseln, die er nicht selbsten gesehen hat, be=
schreiben wollte; so habe ich vor gut gefun=
den, alles dieses wohlbedächtlich hinweg zu
lassen, weilen solches nicht zuverlässig ware,
und er es nur vom Hören=sagen wußte, auch
wohl manche Schifs=Zeitung darunter seyn
mochte, die wir unsern Lesern nicht als Wahr=

zeit aufbürden könnten. Man suchet hier ohne diß keine Erdbeschreibung, die man in andern, zu diesem Ende geschriebenen Büchern, weitläuftiger und deutlicher finden kan.

Weilen es mir übrigens bewußt ist, daß nicht alle meine Leser geübt genug sind, um alles vorkommende genugsam zu verstehen; so habe ich vor nöthig erachtet, manches durch die beygefügte Anmerkungen zu erläutern, da ohne dieses nicht ein jeder Gelegenheit hat, über eine Materie, worbey derselbige etwann einigen Anstand finden könnte, andere Bücher nachzuschlagen, einigen aber solches, während dem Lesen eines Buches, allzubeschwerlich fallen will. Man wird also leichtlich einsehen, daß diese meine Anmerkungen nicht überflüssig sind, sondern ich suchte solche vielmehr lehrreich und unterhaltend zu machen, mithin sind solche, was besonders Handlungs-Sachen betrift, öfters sehr wichtig worden, und geben dem Leser, der manchmal von fremden Ländern auch ausländischen Sachen und Produkten noch dunkle Begriffe hat, hierinnen einen klaren und völligen Aufschluß.

Ende

zu dieſer zweiten Auflage.

Endlich kann ich den geneigten Leſer an,
noch verſichern: daß derſelbe in dieſem klei,
nen Traktate, nicht nur alleine manche an,
genehme Kleinigkeiten ſondern auch viele
wichtige Nachrichten finden wird, die man
in manchem groſſen Werk vergeblich ſuchen
möchte. Uebrigens iſt es nicht zu läugnen,
daß ſolcher freylich in derjenigen Ordnung
nicht geſchrieben iſt, in der er wohl abge,
faſſet ſeyn ſollte; es gibt darinnen einige
wenige Wiederholungen der Sachen, die ich
erſt nachgehends, da die erſte Bögen ſchon
abgedrukct waren, bemerket habe; andere
Dinge ſtehen nicht an demjenigen Ort, wo
man ſie erwarten wird. Man muß dieſe
ganze Reiſe-Beſchreibung, als eine Art ei,
nes Tage-Buchs anſehen, worinnen der Verf.
ohne ſich an eine gewiſſe Ordnung zu bin,
den, die Umſtände, ſo wie ſie ihme vorka,
men, bemerket hat. Ich habe dieſes Buch
nur in der Schreibart verbeſſern wollen;
in dem andern Fall hätte ich ſolches ganz
anders entwerfen, und auf das neue aus,
arbeiten müſſen, worzu mir, bey meinen
anderu

andern vielen Geschäften, Zeit und Musse
fehleten. Mir ist ohne dieses bey dieser
beschwerlichen Arbeit mehr als einmal die
Gedult ausgegangen; ich habe dieses ver=
drüßliche Geschäft öfters liegen lassen, und
immer wieder angefangen, welches auch die
Ursache ist: daß der Styl nicht immer gleich
ist, und daß noch einige tavtologien (Wie=
derholungen einiger gleichlautenden Worte)
meiner Aufmerksamkeit entgangen sind, die
zwar der Sache an und vor sich nichts be=
nehmen, die aber gleichwohl keine Zierde
eines Buches sind. Man muß also diese
kleine Nachläßigkeit und die lange Verzöge=
rung des Druckes, weder dem Verleger, noch
dem Verfasser, sondern alleine mir, meiner
hierüber entstandenen Ungedult, und der
Enge meiner Zeit, zuschreiben. Gottlob,
daß ich damit zu Ende bin. Stuttgart,
den 15ten Christmonath, 1773.

der Herausgeber.

Inhalt.

Inhalt.

b   an=

Innhalt.

Wenig

Innhalt.

b 2   auf

Innhalt.

Hunde

Innhalt.

b 3   ver-

Innhalt.

Ana=

Innhalt.

b 4

Innhalt.

Muth-

Innhalt.

b 5

Innhalt.

Innhalt.

Ueber=

Innhalt.

Dia-

Innhalt.

Japan

Innhalt.

Innhalt.

Sie

Innhalt.

Georg

Georg Leonhard Schwarzens Ostindianische Reise-Beschreibung.

Nachdeme ich ein Jahr in der zweiten Herzogl. Würtenbergischen Residenz-stadt Ludwigsburg bey Johannes Leidenecker, als Kiefer-Knecht (*) gearbeitet, habe ich mir vorgenommen, eine Reise nach Holland zu machen; weil ich öfters gehört, daß man allda einen guten Lohn bekomme. Ich nahme meine Reise über Heilbronn, Heidelberg, Mannheim, Worms und Maynz. Daselbst gieng ich an das Rhein-Thor, um zu sehen: ob nicht ein Schiff nach Holland abgehe? Es kam aber ein Courier von Bamberg auf dem Mayn herunter gefahren; dieser sahe mich an dem Rhein stehen, und daß ich ein Reisender wäre: Er fragte mich: ob ich nicht nach Cöllen wollte? Er wolte mich mitnehmen;

A   ich

(*) Ausländern zu Gefallen, müßen wir hier anmerken: daß diejenige Handwerksleute, welche bey ihnen Böttger, Binder rc. genannt werden, bey uns Kiefer heißen.

ich solte aber seinen Schiffleuten helfen rudern,
weilen sie schon zwey Tage und Nächte nichts
geschlaffen hätten, und wolte er mich dabey
kostfrey halten, welches mir ganz anständig
war, weil ich bey dieser Gelegenheit näher zu
Holland kam. Wir kamen des Nachts um
10. Uhr zu dem Mäußthurn bey Bingen, der
mitten in dem Rhein auf einem Felsen steht,
woselbst ein gefährlicher Plaz vor die Schiff-
fahrende ist. Wir kamen auch, weil es eine
dunkle Nacht war, in einen starken Wirbel,
dergestalten, daß in unser Schiff vieles Wasser
lief; wir ruderten aber stark darauf, und kamen
nicht nur allein durch Gottes Hülfe aus dem
Wirbel, sondern auch des andern Tags zu
Cöllen glücklich an.

Ich bliebe allda 3. Tage in einer Herberg.
Es kamen daselbst etliche Handwerks-Pursche
zu mir, die erzehlten: wie es in Holland sehr
theuer zu zehren seye; und weil ich wenig Geld
bey mir hatte, so machten sie mich abwendig,
daß ich wieder mit ihnen nach Coblenz zurück
reisete. Da bekam ich einen Meister; er
machte einen Lohn mit mir, und versprach mir
das halbe Jahr 9. Reichsthaler, jedoch mit
dieser Bedingniß: daß ich als Kiefer mit einem
Holzfloß nach Holland fahren sollte, darfür
ihme von einem Holzhändler, Nahmens
Schaf 5. Thaler bezahlt wurden. Dieses
ware mir nun ganz anständig, weil ich mit solcher Gelegenheit nach Holland kam. Ich
bliebe

bliebe bey ihme bis auf den October, da wurde
ein Holzfloß fertig. Ich ließe mich darauf
als Kiefer einschreiben, und hatte dabei weiters nichts zu thun, als daß ich dem Volk das
Bier aus denen Tonnen zapfen mußte, weilen
ein jeder die Freiheit hat, desselben so viel zu
trinken, als er mag. Es kamen darauf 4. bis
500. Mann, die den Floß musten leiten; er
gehet 7. bis 8. Schuhe unter dem Wasser, und
ist 4. bis 500. Schritte lang, und 40 bis 50.
Schritte breit. Hinten und vornen seynd
Streichen angemacht, damit man den Floß
hin und wieder leiten kan; es werden 5. oder 6.
Mann an eine Streiche gestellt; hinten ist ein
hoher Stuhl gebauet, darauf der Steuer-
mann stehet; wann er den Holzfloß recht oder
linker Hands haben will, so winket er mit dem
Hut. Es seyn auch von Brettern Häuser
darauf gebauet, darunter das Volk schläft.
Ihrer 8. Personen bekommen einen Kübel miteinander, daraus sie essen und auch das Bier
holen. Des Morgens bekommen sie Erbsen
und ein gut Stück holländischen Käß und
Brod, des Mittags Suppen und Fleisch,
des Nachts wieder Erbsen oder Bohnen, und
Käß, den ganzen Tag aber, wie gesagt, Bier
genug. Des Abends wurden 15. bis 20. Anker ausgeworfen, daß der Floß stille hielte.

Wir kamen aber nur halbweg in Holland,
weil es lange Zeit nicht geregnet hatte, und der
Rhein ziemlich klein wurde, mithin wir 12.

Wochen

Wochen auf einem Plaz liegen bleiben musten.
Wir warteten auf Regen, bis der Rhein stärker
würde, welches dem Floß-Herrn viele Unkosten machte. Er muste Essen und Trinken geben,
so wohl als wann wir würklich gefahren wären,
Unsere Zeit brachten wir lüderlich mit würfeln,
und karten zu, welches mich auch meinen Rock
gekostet. Meine Hemder und andere Montierung habe ich auch ziemlich aufgerissen, weil wir
unser Lager auf dem Stroh hatten; so wurde
ich auch ziemlich stark mit fremden Volk heim-
gesuchet. Mein Schurzfell war zerrissen; das
Bandmesser fiele mir in den Rhein, so daß ich
dazumahlen ehender einem Bettelbuben, als
einem Kiefer-Knecht gleich sahe. Acht Tage vor
Weyhnachten gab uns der Herr Abschied, und
einem jeden nur halb so viel Geld, als er uns
versprochen hatte, weil wir den Floß nur halb-
wegs nach Holland gebracht. Ich bekame auch
die Helfte von 5. Thalern; die mußte ich gleich
dem Markedenter geben, weil ich sie um Brandtewein bey ihme verzehret hatte, folglich bin ich
diß halbe Jahr auf einen schlechten Lohn gekommen. Ich marschirte mit dem andern Volk
wieder nach Coblenz, und kam wieder zu meinem Meister. Ich ersuchte ihn: ob ich den
Winter nicht dörfte bey ihm bleiben? Ich
wolte ihme um die Kost arbeiten, bis wir den
Holzfloß nach Holland vollends führen könnten, welches er mir bewilligte. Ich bliebe bey
ihme bis auf Fastnacht, da nahm der Herr wie-

der Volk an, die ihme obigen Holzfloß vollends
nach Holland brächten. Er ließ uns mit Na-
chen zu dem Holzfloß führen, und brachten wir
ihne glücklich auf Dordrecht, wo all das Holz
verkauft wird. Wir wurden bezahlt, und bekam ein jeder 3. Thaler. Ich marschirte mit
dem andern Volk wieder nacher Coblenz, welches 60. Stunde von Dordrecht ist. Weil ich
nun schlecht montirt ware und wenig Geld
hatte, so getrauete mir nicht, mich in Holland
aufzuhalten, mithin habe ich mich, bey Wie-
derverfertigung dreyer Holzflöße, abermahlen engagirt, und brachte darauf 10. Wochen
zu, bis sie fertig waren; kam auch dißmahl auf
einen bessern Lohn als voriges halbes Jahr,
weilen mir richtig alle Tage 28. Kreuzer bezahlt
wurden. Ich schaffte mir Kleidung an, und
fuhr mit einem Holzfloß wieder nach Holland,
und brachten wir ihn in 6. Tagen auf Dordrecht. Ich bekam wieder 5. Thaler, und gieng
mit in die Stadt auf eine Herberg, zu den drey
Mohren genannt, und fragte: ob ich hier keine
Arbeit haben könnte? Der Wirth gab mir zur
Antwort: wann ich keine Recommendation
habe, und die Sprache nicht verstehe, so werde
ich keine Arbeit bekommen. Ich bekame aber
in einer Stunde drey Meister. So bald ich
ihr Geschirr in die Hand brachte, sahen sie
gleich, daß ich nicht damit arbeiten konte, weil
es alles anderst als in Teutschland ist; dahero
sie mich gleich wieder fortwiesen. Ich gieng

A 3 nach

nach meiner Herberg; da logirte ein alter
Mann, gebürtig aus der Schweiz; er hielte
sich schon eine lange Zeit in Holland auf, und
nährete sich mit Bottenlauffen bey den Teut-
schen. Dieser erzehlet mir vieles von Ostindien,
und wie ein mancher sein Glück darinnen gemacht habe. Er beredete mich, daß ich darzu
Lust bekam. Er sagte, mir noch weiter: daferne
ich Lust nach Ostindien hätte, wolle er mich zu
einem Seelen-Verkäuffer bringen, daß ich
bald dahin käme, welches ich endlich bewilligte;
wußte aber nicht, daß er das auf seinen Profit
thäte. Er führte mich des andern Tags auf
ein Schiff, und brachte mich auf Rotterdam
zu einem Seelen-Verkäuffer, da empfieng er
vor mich 3. fl. nicht anderst, als wann er mich
verkauft hätte.

Die Seelen-Verkäuffer seynd solche Leute,
die kein Handwerk können, und sonsten keine
Handthierung treiben, sondern ihre Nahrung
bey denen Personen suchen, die nach Ostindien
fahren wollen, oder auch davon herkommen:
Man mag diese Leute ansehen, wie man immer
will, so ist doch so viel gewiß: daß wann sie
nicht wären, mancher Handwerks-Pursch
Hunger leiden müßte. Sie nehmen alle fremde
Personen zu sich in ihre Häuser; sie geben ihnen
Essen und Trinken, Kleider und alles vollauf;
sie fragen einen jeden: was er sich getraue zu
versehen, und ob er ein Officier, Soldat,
Handwerksmann oder Matros werden wolle?

Wie

Wie nun ein jeder sich angibt, also wird er auch
tractirt, und auf dem ostindischen Haus eine
Verschreibung gemacht, daß nämlich einem
solchen Seelen-Verkäuffer vor nachstehende
Personen folgende Summen zu erlegen sind:
und zwar vor einen Soldaten 150. fl. vor einen
Matrosen 200. fl. vor einen Handwerksmann
und Offi-ier 300. fl. Er seye auch kurz oder lang
bey ihnen geweßt, so ist es ein Geld. Sie halten einen jeden so lange auf, bis die Schiffe
fertig seynd, um wegzufahren. Alsdann
wird eine Drommel in der Stadt herumge-
schlagen, und darbey ausgeruffen: Wer Lust
hat, nach Ostindien zu fahren, der kan auf
den bestimmten Tag auf das Ostindische
Haus kommen. Da führet ein jeder Seelen-
Verkäuffer seine Leute, so viel er deren beysam-
men hat, 10. 20 auch wohl 50. bis 60. auf das
ostindische Haus, und lässet sie annehmen, so
viel er kan anbringen. Etliche Tage hernach
wird das Volk gemustert, und empfängt der
Seelen-Verkäuffer vor seine Mühe und Unkosten, seinen Transport-Brief, und dann
2. Monat Sold, baares Geld, welches vor
Zeiten der Personen ihr Hand-Geld gewesen
ist. Jetzund aber habens auch die Seelen-
Verkäuffer sich zugeeignet, welches dann die
Person hernach verdienen muß, und wird ihm
der Transport und das Hand-Geld an seinem
Verdien wieder abgezogen. Der Transport
wird aber dem Seelen-Verkäuffer nicht bälder

be-

bezahlt, als bis er verdient iſt, welches aber,
ſo viel er an ſeiner Gage übrig behalten, aus
den jährlich aus Indien kommenden Büchern
kan erſehen werden. Stirbt nun einer auf der
Reiſe, ſo verliehrt der Seelen-Verkäuffer ſeinen Transport; kommt aber das Volk in Indien geſund an, ſo haben ſie guten Profit.
Hingegen wann viele ſterben, ſo verliehren ſie
viel, und haben groſſen Schaden. Dann
ſie müſſen Kleider, Brandtewein, Taback, und
was man ſonſt auf dem Schiff nöthig hat, hergeben. Etliche Seelen-Verkäuffer, die Geld
brauchen, verkauffen ihre Schuld-Briefe bey
reichen Kaufleuten, und nehmen vor 100. fl.
nur 50. oder 60. fl.

Anjetzo will ich auch melden, was die oſtindiſche Compagnie heiſſe. Es haben im Jahr
1602. alſo vor 168. Jahren etliche reiche Kaufleute und andere bemittelte Perſonen in Holland, nehmlich zu Amſterdam, Rotterdam,
Delfft, Hoorn, Mittelburg, Enckhuyſen und
Vlißingen ꝛc. eine Summa Geldes zuſammen
geſchoſſen, eine Compagnie gemacht, Schiffe
ausgerüſtet, Officier, Soldaten und Matroſen angenommen, dieſelbe nach Oſtindien geſchickt, und alle Jahre Succurs nachgeſandt,
weil ſie geſehen, daß die Portugieſen einen
groſſen Reichthum daraus holeten, und haben
ſie nicht nur daſelbſt vertrieben, ſondern auch
ihre beſte Landſchaften eingenommen, als da
iſt das Land Java, Surate, Malacca, Bengala,

gala, Zeylon, Ternate, Padang, Banda,
Bantam und noch andere mehr, (*) und haben sie anjezo wohl bey 100000. Mann darinnen, die sie alle zu besolden haben. Sie schik-
ken auch alle Jahre bis 40. Schiffe dahin,
(auf deren jedes gegen 300. Mann kommen,)
die Specereien, Seide, Materialien, und
andere Waaren darinneu holen, und bringen
einen solchen Reichthum in Holland, daß sie
bereits reicher seyn, als theils Könige. Der
Gewinnst hat vor Zeiten denen Herren Staa-
ten, oder der Landschaft Holland zugehört;

A 5   anjezo

(*) Hier unterscheidet der Autor nicht genugsam unter ganzen Ländern und einzelen Städten, welche zumalen nicht
alle denen Holländern zugehören. Dann die Inseln Java,
Zeylon, Ternate und Banta stehen nur zum Theil unter
der Bottmäßigkeit der holländischen ostindischen Compagnie. Aber Malacca ist eine Stadt, welche denen
Holländern gehöret, auf der Halb-Insel gleiches Nahmens.
Diese hat übrigens 2. Könige, die dem König von Siam
zinsbar sind. Das Königreich Bengala und die Stadt
Surate gehören dem grossen Mogol. Die Holländer treiben nur starken Handel, und haben ihre Factoreyen und
Packhäuser daselbsten. Pedang ist eine Stadt auf der
Insel Sumatra, welche vieles Gold aus ihrem Bergwerk,
auch Benzoe und Campher liefert. Dieses Sumatra
bestehet zwar aus vielen Königreichen; die Holländer spielen aber doch den Meister daselbsten. Einige wollen Sumatra, andere aber Malacca vor das Ophir halten, aus
welchem der König Salomo seine Reichthümer geholet
habe; dahero man auf die Einträglichkeit dieser Inseln
schließen kan. Bantam ist eine grosse Stadt auf der Insel Java. Sie ist die Residenz eines grossen Königs und
Bundesgenossen der Holländer.

anjeßo aber haben ſolchen reiche Kaufleute von
ihnen Pachts-weiſe übernommen, und geben
jährlich ihre Gebühr darfür. Sie ſeyn auch ſo
mächtig in Oſtindien, daß ſie heydniſche Könige
ein- und abſeßen.

Nach dieſer kleinen Ausſchweifung komme
ich wieder an meinen Lebenslauf, und wie ich
auf das Schiff gekommen bin. Mein Seelen-
Verkäuffer von Rotterdam, hieſſe mit Nahmen Johannes Eſter, gebürtig von Weſel.
Er machte uns allezeit guten Muth, und erzehlte uns, nach der Art dergleichen Betrüger:
wie man die Diamanten und andere Edelge-
ſteine auf der Gaſſen finden könnte; alleine
dörfe man ſie nicht frey in Holland ſehen laſſen,
oder dahin bringen. Ich machte bey mir ſelbſt
viele und groſſe Anſchläge, wann ich dergleichen
bekäme, wie ich ſie verbergen, und zu einem
groſſen Reichthum gelangen wolte; aber ich
machte die Rechnung ohne den Wirth, und
es fehlte mir weit, dieweil ſie in Batavia theu-
rer, als hier zu Land, verkauft werden. Wir
waren unſerer 13. Mann bey ihm, und hatten
das beſte Leben. Des Morgens hatten wir
unſern Brandtewein, oder Coffee, Butter,
Käß, Brod und Taback, ſo viel wir brauch-
ten; des Mittags und Nachts hatten wir auch
gute Koſt, und Bier genug, durften auch nichts
arbeiten, ſo daß ich es mir nicht beſſer wünſchte.
Als ich nun 4. Wochen bey ihme zugebracht,
wurde Volk auf ein Schiff angenommen.
Er

Er gieng mit uns auf das ostindische Haus.
Da aber von andern Seelen=Verkäuffern
schon bey 800. Mann bey dem Haus waren,
die sich wollten einschreiben lassen, und doch
nicht weiter als 250. Mann angenommen
wurden, so brachte derselbe dißmal nur
3. Mann an. Das Gedräng dabey war so
groß, daß etliche gar zu tod gedruckt wurden;
dann die hintersten sprungen den vordern auf
den Köpfen hin, daß sie zuerst die Thür erreich=
ten. Ich bliebe aber zurück, weil ich mich nicht
also wolte drucken lassen, welches dann verur=
sachte, daß ich zu Rotterdam nicht ankam.
Wir giengen wieder mit unserem Seelen=Ver=
käuffer nacher Hause. Er fragte uns: ob wir
mit ihme nicht nacher Seeland fahren wollten?
(dann nach Holland kommen weit mehrere
Pursche, als nach Seeland, weilen ein jeder
zu Fuß nach Holland gehen kan; will einer aber
nach Seeland, so muß er schon 30. Stunde
über das Wasser reisen, also auch Geld im
Beutel haben;) er wolle uns gewiß helfen, daß
wir angenommen würden. Wir fuhren unsrer
7. Mann mit ihme nach Mittelburg, da brachte
er uns wieder zu einem Seelen=Verkäuffer,
und bekam vor jeden Pursch 10. fl.

Den 11. October Anno 1734. kam ich in
Mittelburg an. Den 12. gieng der neue See=
len=Verkäuffer, der bey 78 Mann in dem Haus
hatte, mit uns auf das ostindische Haus, und
liesse eines jeden Nahmen aufschreiben, und
　　　　　　　　　　　　　　　　　vor

vor was er tüchtig wäre, zu dienen. Ich liesse
mich schreiben als Soldat, des Monats vor
9. fl. und machte dem Seelen-Verkauffer einen Transport- oder Schuld-Brief vor 150.
Gulden. Den 13. dito bekame ein jeder von
dem Seelen-Verkäuffer eine Küste, 5. Schuhe
lang, 2. Schuhe hoch, 2. Schuhe breit, und
8. Maas Brantewein, 8. Pfund Taback, 12.
Duzent Tabacks-Pfeiffen, 2. Paar Schuhe,
2. Paar Strümpffe, 2. Paar leinene Hosen,
8. blaue Hemder, 2. Brusttücher, 2. Hals-
tücher, 1. Kappe, Schuhschnallen, Nadeln,
Faden, Scheeren, Fingerhüte, und was
man sonsten auf dem Schiff nöthig hat. Ferners Meßer, Gabeln, Löffel, Feuerstahl und
Stein, Zunder u. d. Ein Handwerksmann
oder Matros bekommt aber von allen fast noch
so viel, weilen er dem Seelen-Verkäuffer mehr
verschreiben muß, als ein gemeiner Soldat.
Den 14. dito Morgens frühe mußten wir auf
das ostindische Haus, da wurde uns vorgelesen, wie wir uns zu verhalten hätten. Es
wurde uns auch noch ferner die Versicherung
gegeben, daß wann wir in der Compagnie-
Diensten ein Aug verliehren, so solle uns davor
bezahlt werden 300. fl. vor 2. Augen 600. fl.
vor einen Arm oder Fuß 300. fl. vor 2. Arme
oder Füße 600. fl. vor eine Hand 300. vor 2.
Hände 600. fl. vor ein Glied am Finger 25. fl.
Wir mußten auch einen Eyd ablegen, daß wir
der Compagnie getreu dienen wollten. Alsdann

dann empfieng der Seelen-Verkäuffer vor 2.
Monate den Sold, und wir bekamen unſer
Gewehr, und marſchirten Gliederweiß mit
Trommeln und Pfeifen auf ein kleines Schiff,
das führte uns auf das groſſe Schiff, Niewal-
ker genannt. Den 15. dito kamen die Herren
Gewalthabere mit einer kleinen vergüldeten
Jacht, und wünſcheten uns Glück. Den 16.
kam der Fiſcal, und viſitirte, ob all das Volk,
ſo angenommen worden, auf den Schiffen ſey?
Es befunden ſich auf unſerem Schiff, ein
Schiff-Capitain, ein Kaufmann, ein refor-
mirter Pfarrer, 4. Steuer-Leute, ein Buchhalter, 3. Barbierer, 2. Botsleute, 2. Schiff-
männer, 2. Diſpenſirer, die den Proviant und
Getränk austheilen, 2. Köche, 2. Conſtabler,
5. Zimmerleute, 3. Kiefer, 2. Segelmacher, 4.
Quartiermeiſter, 1. Feldwaibel, 2. Corporals,
2. Gefreyte, 7. kleine Knaben, die das Schiff
fegen, und denen Officiers aufwarten mußten, 100. Soldaten, und 150. Matroſen,
ſo daß in allem 297. Perſonen auf demſelben geweſen. Unſer Schiff war auch ſchon
völlig beladen, und neben andern Kaufmanns-
Waaren, auf 9. Monat, wie gebräuchlich,
verproviantiret, mit Butter, Oel, Eßig,
Fleiſch, Stockfiſch, Erbſen, Gerſten, Zwieback, und bey 300. Eymern Waſſer, 200.
Fäßern mit Bier, 10. Fäßern mit Brandtewein, und jedem 4. Käß. Mit 48. Canonen
waren wir auch verſehen, Von lebendigen
Thie-

Thieren aber hatten wir: etliche 100. Stücke
Hüner und Enten, bey 25. Schafe, und 25.
Schweine. Den 16. 17. 18. und 19. blieben
wir auf dem Plaz stille liegen, und erwarteten
guten Wind. Den 20. veränderte sich der
Wind, und kam aus Süd-Ost sehr gut vor
uns. Und weil es nun mit England und
Frankreich Friede war, nahmen wir den nächsten Weg, und fuhren Vlißingen vorbey; da
wurden alle Stücke um die Stadt loßgeschos-
sen. Wir bedankten uns dagegen, und schossen
auch alle Stücke loß, nahmen Abschied, und
seegelten zwischen Frankreich und England
durch, dann sonsten mußte man gegen Norden
zu, hinter Schottland und Irrland, aber gegen die 340. Meilen umfahren. Frankreich ließen wir zur linken, und England zur rechten
Hand liegen, welche mehr nicht als 7. Stunde
voneinander entfernet sind. Wir waren nun
alle froh, daß wir uns in der offenbaren See
befanden. Die Freude aber währete nicht
lange, indeme viele von uns die See-Krank-
heit bekamen, und wegen dem ungewöhnlichen
Schwanken des Schiffes den Magen rein ausleeren mußten. Zudeme, so hatten die Boots-
leute, die Quartiermeister und Corporals,
jeder einen wohl gepichten starken Strick in der
Hand, womit sie uns zur Arbeit antrieben;
und bekamen wir Deutsche insonderheit ein
voll, getrückt, gerüttelt und geschüttelt Maas
hiervon, weilen wir der Schiffs-Arbeit noch
nicht

nicht gewohnt waren, und ihre Sprache nicht
verstunden. An England sahen wir die Krei-
den-Berge, welche Stücke Kreiden, eines
Mühlsteins groß, in das Meer fallen lassen.
Dieser Canal währet bey 80. Stunden lang,
bis man in die offenbahre See kommt; ist
aber sehr gefährlich, wegen der vielen Stein-
klippen, zu fahren, weilen es auf beyden Seiten Land hat. Es fuhr ein kleines Kauffarthey-
Schiff mit uns, daß, wann wir etwan ver-
unglückten, es uns zu Hülfe käme. Wir ver-
liessen das grüne Wasser und den Canal, und
kamen in den Mund des spanischen Meers;
das Wasser siehet blau wegen seiner uner-
gründlichen Tieffe. Wir nahmen unsern Lauf
Sud-West, und machten in unserm Schiffe
2. Quartiere, das eine hieß Prinzen- das andere Graf Morizen-Quartier, wachten um
einander jedes 4. Stunde, und wird des
Nachts, wann die Wache aus ist, von 2. Personen ein Lied gesungen, damit die andere auf-
stehen sollen, welches also heißt: Hier segeln
wir mit GOtt verheben, GOtt woll unsere Sünd vergeben, all unsere Sünd und
Missethat. GOtt wolle unser gutes Schiff
bewahren, mit all den Leuten, die darauf
fahren, vor See, vor Sand, vor Feuer
und Brand. Vor dem höllischen bösen
Feind, vor allem Bösen uns GOTT be-
wahr, daß uns nichts übels wiederfahr;
und woll uns geben guten Wind, damit
wir allzeit glücklich sind, u. s. f.   Nun

Nun ward diesen Tag der Anfang mit
Rationen ausgeben gemacht, und wurde jeder
Person alle Woche 3. Pfund Zwieback, ein
halber Schoppen Eßig, halb so viel Baumöl,
und jeden Morgen so viel als 2. Ventosen voll
Brandtewein, ein halb Maß Wasser des Tags,
und je vor 7. und 7. Mann oder Personen, eine
hölzerne Schüssel voll gekochter Grütz ausge-
theilt. Der Grütz ist gleich dem abgegerbten
Kernen. Des Mittags und Abends bekamen
wir Erbsen, die nur in Wasser gekocht waren,
darüber wird ein wenig Oel und Eßig gegossen.
Sonntags, Dienstags und Donnerstags Mittags ward Speck oder Fleisch gekocht, und
kriegten wir dabey ein Glas spanischen Wein.
Nun bekamen wir die Canarische Insuln ins
Gesicht, die der Crone Spanien zugehören;
welches eine Anzeige war, daß wir den rechten
Weg nach Ostindien hätten. Sie sind fruchtbar an allerhand köstlichen Früchten, vornehm-
lich an dem vortrefflichen Canarien-Zucker und
Sect, welcher wie Brandtewein zu trinken ist.
Allda, und zwar auf der Insul Teneriffa, ist
auch ein ziemlich hoher Berg, welcher der Pic
genannt wird. Ob er zwar nur ein blosser
Steinberg oder Sandhauffen ist, so ist er doch
4. teutscher Meilen in seiner Höhe, immer mit
Schnee bedeckt, wirft zu Zeiten Feuer aus, und
kan bey hellem Wetter bey 20. Meilen weit gesehen werden. Daselbst halten sich auch öfters
viele türkische See-Räuber auf. Allda verließ
uns

uns auch die Kälte, weil wir schon bey 3. bis
400. Meilen näher bey der Linie waren. Wir
vertrieben unsere Zeit, und sahen nach den
Fischen, wie sie einander hin-und wieder jagten
und verfolgten, insonderheit wie die fliegende
Fische, in der Grösse wie Heringe, eine Virtel-
stunde weit fliegen, um denen andern grossen
Raub-Fischen zu entrinnen, die aber hergegen
denen Vögeln, Mallemerven (*) genannt,
bißweilen zu Theil werden. Es flogen auch viele
in unser Schiff, die wir theils assen, etliche aber
als eine Seltenheit aufhielten. Es lieffen auch
unzehlbare Meer-Schweine bey unserm Schiff
vorbey, sehr schnell, und gegen dem Wind,
sprungen oft aus dem Wasser, und schiene es,
als wären es natürliche Schweine; wir schossen auch etliche, mit dem Elliger (**). Dieses
ist ein solches Instrument, welches aus einem
2. Klafter langen Stock, in der Dicke eines
Arms, bestehet, an welchem oben ein grosses
Stuck Bley befestiget ist. Unten ist ein Eisen
daran,

B

(*) Unter denen Mallemerven verstehet der Autor die Möwen,
die sich an denen See-Küsten aufhalten, und sich geme-
niglich von Fischen nähren. Diesen thut es kein anderer
Wasser-Vogel im Fliegen und Schwimmen zuvor.

(**) Elliger solle, nach des Autors Bericht, der eigentliche
Nahme dieses Instruments seyn, welches eine Art von
einem Harponen oder Wurffspieß, womit man sonsten die
Wallfische zu fangen pfleget, vorstellen, und von diesem
nur darinnen unterschieden seyn solle, daß der Harpon
nur einen, der Elliger aber mehrere mit Wiederhacken
versehene Zwicn, haben solle.

daran, gleich einer Heugabel, hat aber 6. bis
7. Zinken; an den Spizen hat es Widerhacken,
damit, wann der Fisch getroffen ist, solcher
nicht mehr entfliehen kan; durch das Ueber-
gewicht des Bleyes aber, welches oben an
dem Stihl befindlich ist, wird demselben der
Bauch in die Höhe gekehrt, und alle Kraft
benommen. Sie wägen bis 200. Pfunde,
haben einer zwerchen Hand dick Speck, und
rothes Fleisch, wie auch viel warmes Blut.
Wir fiengen auch noch andere grosse Fische,
Hey genannt, mit einem Angel. Diese sind
8. bis 10. Schuhe lang, und folgen den Schiffen bey 100. Meilen nach. Sie fressen alles,
was man von dem Schiff hinaus wirft; insonderheit sind sie denen todten Menschen sehr
gefähr, die man in das Meer wirft, so, daß
man öfters ganze unverweßte Körper, bey dem
Aufschneiden, in ihnen antrift; dahero hat
man auch einen Eckel an ihnen, und isset sie
nicht.

Des Nachts, da die erste Wache aufgesetzt
war, kam ein stinkender Rauch in das Schiff.
Niemand wußte, woher er käme. Ich lag
schon in meiner Hangmatte, und schlief; wegen des dicken Rauchs aber wurde ich wieder
wachsam, und meynte in dem Rauch zu er-
sticken. Ich hörte das Volk lamentiren und
suchen, wo der Brand seyn möchte; ich stiege
aus meiner Hangmatte, (welche einem Heu-
tuch zu vergleichen, und wird solche oben an
die

die Bühne genagelt, daß man darinnen schlaf=
fen kan,) und trate auf eine Küste, daß der
Deckel mit mir brach, und die Flamme heraus
schlug; da sahe man, wo der Rauch her kam.
In der Küste waren Kleider und Brandtewein;
es hatte auch schon ein grosses Loch in das Schiff
hinunter gebrannt, wo das Wasser und Holz,
auch andere Lebensmittel liegen. Unserer etli=
che berathschlageten sich schon miteinander,
welches das beste wäre: ob wir verbrennen,
oder ins Wasser springen und ersauffen woll=
ten? Es ist aber das Feuer durch GOttes
Hülfe bald wieder gelöschet worden Wie
aber und auf was Weise der Brand angegan=
gen, ware uns unwissend.

Wir hatten bis dahero guten Wind. Un=
sere Schildwach, welche auf dem vorderen
Mast saß, ruffte aber auf einmahl: Sie sähe
ein Schiff zur rechten Hand, welches noch
bey 4. Stunde von uns war. Unser Capitain
sahe durch ein Perspectiv, und bemerkte, daß
es ein türkisches Schiff wäre; es führte aber
holländische Flaggen, mit einem rothen, weis=
sen und blauen Strich. Wir mußten uns,
wie gebräuchlich, wann man ein Schiff von
ferne siehet, gleich zur Schlacht fertig machen.
Unsere Stücke wurden gleich scharf mit dop=
pelten Kugeln geladen, und zu jedem Stück
6. Matrosen gestellt, die den Constablern helf=
fen. Wir Soldaten bekamen unser Gewehr
und Patronen, und mußten oben auf das

Schiff stehen. Etliche starke Pursche wurden
auf die Mastbäume commandirt mit Granaten und Pech-Cränzen. Es wurde auch Brandtewein auf das Schiff gegeben, und Pulver
darein gerührt, damit das Volk Muth bekäme; denn von dem Pulver sollen sie ganz
wild werden, und ihr Leben vor nichts achten.
Dieser See-Räuber segelte mit einem schnellen
Lauf auf uns zu, und lavierte hin und wieder
bey unserem Schiff. Er trauete uns und wir
ihme nicht; er stellete sich als Freund; unser
Capitain ruffte ihme durch ein Sprach-Rohr
zu: wer er wäre? Er gab uns zur Antwort:
ein Spanier, welches wir aber wohl besser
sahen, daß es ein Türk war. Unser Capitain
ruffte dem Constabler: er soll das gröste Stuck
auf ihn richten und loß schiessen, welches uns
aber nicht erlaubt ware, daß wir zu erst anfangen sollten. Unser Constabler schoß mit
einer doppelten Kugel (welches zwey Kuglen
an einander sind, und zwar an einer eisernen
Stange einer halben Ehlen lang und eines Ar-
mes dick) nach ihm, und traff die grosse Wand,
die den grossen Mast steiff halten muß, und
woran die Matrosen auffsteigen. Er sahe, daß
wir gut Geschütz hätten, und daß unserer viel
wären, und traute uns nicht. Er nahm die
Flucht, und wir kriegten keinen mehr zu sehen.
Nach diesem bekamen wir einen hefftigen
Sturm, dergestalten, daß uns der Tod oft
näher als das Leben war. Dieser währete drey
ganzer

ganzer Tage und Nächte, so, daß die Wellen
öfters das ganze Schiff bedeckten, und wur=
den etliche von unsern Schweinen und Scha=
fen, die wir hatten, durch die grausame Wel=
len über das Schiff hinaus gespühlet. Wir
bekamen auch, so lange der Sturm währete,
nichts warmes zu essen, dieweil der Koch den
grossen Kessel nicht konnte auf dem Feuer hal=
ten. Unser vorder Mast=Seegel fiel auch durch
den grossen Sturm herunter, und schlug un=
serm Schiffmann und einem Soldaten einen
Fuß ab, und wurden sonst noch etliche verwun=
det; hatten auch bey acht Tag kein helles
Wetter, damit unsere Steuer=Leute die Son=
ne konnten beurtheilen, und sehen, wo sie seyn
möchten? Wir nahmen aber ohngefähr rechter
Hands ein hohes Gebürg wahr, an welchem
unsere Steuerleute erkannten, daß sie noch den
rechten Weg hätten, und urtheilten, daß es
St. Jago wäre. Es gehöret den Portugiesen
zu. Wir vermeinten, unsere Schiffleute wür=
den da anländen, weilen sonsten gemeiniglich
die ostindische Schiffe viel dahin fahren, und
sich wieder mit Wasser versehen, damit sie
durch die Linie nicht einen so grossen Durst lei=
den dörffen; unser Capitain aber wolte sich
hierzu nicht bereden lassen.

Diese Insul ist übrigens ein schönes Land,
hat allerhand Vieh, besonders aber einen Ue=
berfluß von Schweinen, Geisen und Hünern.
Sie ist sehr fruchtbar an allerhand Gewächsen,

brin=

bringet Kohl und andere Speisen in Menge hervor, und ist daselbst alles sehr wohlfeil. Die
Inwohner dieser Insul sind ganz schwarz, und
übrigens arme Leute, auch meistens aus Por-
tugall zur Strafe dahin verbannet. Vor ein
altes Meßer, Feuerstahl, Nadeln, Faden,
oder sonsten einen alten Plez von einem Kleid,
kan man etliche Schweine, Schafe, Geisen,
Enten oder Hüner haben und solche davor ein-
tauschen. Es stehet ihnen alles an, was sie
bey denen Fremden sehen. Sie machen sich
auch nichts daraus, um ein gutes Hemd einen
Menschen um das Leben zu bringen. Dahero
allemahl ein starkes Commando bey einander
seyn muß, wann man frisches Waßer oder
Lebensmittel von dieser Insul abholen will.
Die Soldaten haben keine Montierung, als
um die Mitte des Leibs haben sie eine Leinwand
durchgewickelt; sie stehen auch also bloß mit
Flinten und großen Säbeln auf der Schildwache. Allda ist aber schon eine große Hitze,
weil es nur 400. Meilen bis unter die Linie ist.
Wir hatten guten Wind, und kamen bald völlig unter die Linie; da hatten wir aber nicht
den geringsten Wind mehr, hingegen eine
unbeschreibliche Hitze auszustehen, derowegen
bey uns auch ein großer Durst war; dann es
verlieffen wohl sechs ganzer Wochen, daß wir
nicht 10 Meilen weit kamen, und mußte man
das Schiff öfters mit Waßer begießen, damit das Pech, womit desselben Fugen bestri-

chen

chen sind, nicht schmelzen möge. Wir hatten des Tags nicht wohl ein halb Mas Wasser,
und ist es, wie leicht zu erachten, wegen der
grossen Hitze ganz warm und stinkend worden.
Es war doch noch unser grosses Glück, daß es
zum öfftern regnete; dann so bald es anfienge
zu regnen, spreiteten wir unsere Hemder aus,
und liesen drauf regnen, wunden solche aus,
und trunken das Wasser; etliche schöpften auch
aus grossem Durst das Wasser von dem Boden auf, allwo Menschen und Vieh darauf
gehen. Es wurde auch dieser Tagen unser Koch
mit der Fleisch-Brühe ziemlich verbrannt.
Wegen seines grossen Dursts, und da er immer in der Küche bey dem Feuer stehen mußte,
wurde er ganz kraftlos, und wollte den grossen
Kessel mit Fleisch, worinnen fast vor 300.
Personen gekocht wird, selb ander von dem
Feuer heben, ließ aber den Kessel auf seiner
Seite fallen, daß all das siedende Wasser über
seinen Leib lief, und war nichts an seinem ganzen Körper, daß man nur einen Finger dupfen
konnte, das nicht verbrannt war. Er lebte
noch drey Tage, und starb; er sahe nicht anderst aus, als wann er auf dem Rost gebraten
worden wäre. Er wurde nach Gebrauch in einen Teppich oder Tuch gewickelt, welches der
Seegelmacher mit Sand oder 20. bis 30. Pf.
Stück-Kugeln zwischen seinen Füssen be-
schwehrete, sodann eingenehet, und nach
verrichtetem Gebet, welches Morgens und
Abends

Abends gehalten, und dabey ein paar Gesetze
aus einem Psalmen gesungen wird, in das
Meer geworffen. Sonsten hatten wir weder
Kranke noch Tode, welches wir GOtt zu dan-
ken hatten, weilen es gemeiniglich, wann man
lange unter der Linie ist, viele Kranke und Tode
gibt. Bey dem Wasser-Faß, welches oben
mit einem Deckel verschlossen und versehen
war, stunde Tag und Nacht eine Schildwache.
Es hatten aber unserer etliche einen guten Vortheil und List erdacht. Der Deckel nehmlich
hatte oben einen Spalt, daß man mit einem
Tabacks-Pfeiffen-Rohr hinein langen und
daraus trinken konnte. Wann nun einer von
uns Deutschen Schildwache stund, so liessen
wir einander trinken. Dieses trieben wir, so
lang wir unter der Linie waren. Unser Dispen-
sirer wolte nun einsmahls das Faß ausleeren
und putzen, und fand etliche Taback-Pfeiffen-
Röhrlein darinnen, wurde auch den Spalt
gewahr, und zeigte es denen Officiers an.
Unser Capitain befahl ihm, er sollte dem Volk
keinen Tropfen Wasser geben, bis sie einander
verrathen, wer getrunken hätte; wir musten
auch den ganzen Tag Durst leiden. Es stunde aber vorhero einer Schildwache, der nichts
von dem Spalt wußte, da kamen etliche zu
ihm, und trunken; er kannte aber keinen davon als mich, weil es Nacht war. Er gieng
zu den Officiers, und sagte: allweil er Schildwache gestanden, wären etliche gekommen, und
hätten

hätten getrunken; er kennete aber keinen, als
mich. Ich wurde geruffen, und ſollte auch
ſagen, wer die andere geweßt. Ich wollte
mich aber lieber tod ſchlagen laſſen, als daß ich
einen verrathen ſollte. Alsdann wurden zwey
Corporals, und zwey Gefreyte geruffen, die
mußten mich mit einem langen ſpaniſchen Rohr,
eines Fingers dick, ſchlagen. Sie getrauten
ſich aber nicht, mich hart zu treffen, weilen ſie
auch mit in unſerer Geſellſchaft waren, und
beförchteten, ich möchte ſie verrathen. Der
Verräther aber mußte auch an den Reyhen,
weil er Schildwache geſtanden, und doch
trinken ließ. Dahero wurde er dergeſtalten
geſchlagen, daß er darauf krank worden, und
ſtarb er bald hernach.

Nach dieſem wurde mit einem groſſen Angel
ein, bey unſerem Schiff ſich aufhaltender groſſer
Fiſch, Hey genannt, gefangen, welcher uns
ſchon bey 100. Meilen nachgefolget ware. Als
man ihm aber den Bauch aufgeſchnitten, wur=
de von unſerem ins Waſſer geworffenen Koch
ein Fuß gefunden, dahero niemand von dem=
ſelben zu eſſen verlangte.

Als wir die Linie paßiret waren, machten
unſere Officiers ſich eine Kurzweil, weil etliche
unter ihnen waren, die niemahls in Oſtin=
dien geweſen ſeynd. Unter dieſen ware der
Pfarrer, Kaufmann, und Barbierer. Dieſe
beredeten ſie: ſie wolten die Linie abſchneiden,
weil man ſolche vorbey paßirt ſey; ſie ſollten

B 5   auch

auch sehen, wie sie solche abschnitten. Es
wurde aber vorhero ein Zuber mit Wasser auf
den grossen Mast gestellt, daß sie es nicht merk-
ten, und wurden zwey Matrosen mit Säbeln
hinzugestellt. Als sie nun sehen wollten, wie die
Linie abgeschnitten würde, und unter dem Mast
stunden, wurde der Zuber mit Wasser auf sie
ausgegossen, daß sie waschnaß, folglich von
jedermann ausgelachet wurden. Vor das
gemeine Volk wurde ein Seil durch eine Rolle
an dem grossen Mast-Seegel vest gemacht,
und wurde ein jeder, der noch nie in Ostindien
gewesen, an das Seil gebunden, und bis an
die Rolle gezogen. Da ließe man einen dreymahl in das Wasser fallen, welches 30. bis
40. Schuhe hoch herunter ist. Wer das
nicht thun wollte, der mußte zwey Schillinge
geben; (*) das wurde aber unter uns an der
Cap de bonne Esperance, oder dem Vorgebürge der guten Hoffnung wieder am Wein
verzehret. Unser Sergeant, weil er noch nie
in Ostindien gewesen, vermeynte frey zu seyn,
weil er ein Officier wäre; alleine die Matrosen wollten ihne mit Gewalt haben. Er stieg
auf den grösten Mast, und suchte sich zu retten.
Das war aber Wasser auf unsere Mühle.
Die Matrosen stiegen ihm nach, und bunden
ihn an den Mast, und liessen ihn nicht loß, bis
er ihnen sechs Thaler versprach. Nachhero
beka-

(*) Ein Schilling ist so viel als 12. Kreuzer, oder 3. gute
Groschen.

bekamen wir wieder guten Wind; wir wurden
von der grösten Hitze erlöset, und kamen bald
zu dem versunkenen Eiland, St. Ambros genannt. Manche wollen auf eine abentheuer-
liche Art und ohne einigen Grund behaupten,
es wäre ein Stück von Sodom und Gomorra,
(*) welches wegen ihrer begangenen Sünden
und Laster untergegangen seye. Man siehet auch
noch heutiges Tages alte Gemäuer und Felsen
in dem Wasser stehen. Wir hielten gute
Wache, und warffen fleißig unsere Loth-
Schnur aus, um zu wissen: ob das Wasser
tieff oder nicht tieff seye? Wir kamen aber
in zweyen Tagen glücklich daran vorbey, und
wurde, wie auf allen Schiffen gebräuchlich,
wann sie dadurch sind, eine Dank-Predigt gehalten, dieweil schon viele Schiffe daselbst
verunglücket sind. Es wurden uns auch zur
Ergötzlichkeit des Tags etliche Schweine und
Schafe geschlachtet, bekamen auch noch so viel
Wein und Brandtewein, als die vorige Tage
und Zeiten. Nun riessen aber die Ruhr,
Scharbock und hizige Krankheiten bey uns ein,
so, daß viele ihr Leben daran aufgeben mußten. Anjezo liessen sich auch etliche Nord-
Capers sehen, welche fast in der Grösse eines
Wall-

(*) Die wüste Stätte derer ehemahlen von dem gerechten
Gott mit Feuer gestraften Orte: Adama, Sodoma, Ze-
boim und Gomorra, muß man nicht hier, sondern in Asien,
an dem Ort, wo anjezo das tode Meer oder der Lacus
Asphaltites stehet, suchen.

Wallfiſches ſind; wann ſolche an unſerm
Schiff, welches doch 170. Schuhe lang ware,
vorbey ſchwamen, waren ſie faſt ſo lang als
daſſelbe; ſie blieben bey uns, bis wir nahe zu
Africa kamen. Da veränderte ſich das
Waſſer, und wurde ganz grün. Wir ſahen
auch viel Genüſter und Holzwerk, das von
dem Land getrieben kommt. Wir warffen
zum öfftern unſer Loth aus, und erforſchten
das Waſſer; befanden aber, daß wir je länger je weniger Waſſer hatten. Dieſes Loth
iſt ein Stuck Bley von zwanzig bis dreyßig
Pfunden ſchwer, an einem langen Seil, welches ſechs bis ſiebenhundert Klafter lang iſt,
um damit die Tiefen des Waſſers zu unter-
ſuchen. Wir bekamen bald das Robben-
Eyland, (eine Sandbank 1. oder 2. Stunden
groß,) ins Geſicht, welches noch drey Meilen
von der Cap de bonne Eſperance war. Allda
liegt ein Sergeant oder Feldweibel mit einer
Wache Soldaten von dreyßig Mann ſtark,
welche diejenige auf der Inſul bewachen, die
etwas an der gemeldten Cap angeſtellet haben.
Wann es nun einige gibt, die ſich an ihres
Nächſten Gut vergriffen haben, ſo werden
ſolche, nach Befinden der Sache, mit Naſen-
und Ohren-Abſchneiden oder Brandmal-
brennen in dieſe Inſul auf zwey, drey, oder
zehen bis zwanzig Jahre verbannet, um allda
täglich eine gewiſſe Anzahl Körbe voll Meer-
ſchnecken aufzuleſen, aus welchen hernach
Kalch

Kalch zum Bauen gebrannt wird; und ist an
diesem Ort sonst nichts an Früchten zu finden, als Fische, und grosse drey bis vier pfün-
dige Krebse. Man versiehet die Gefangene
mit Essen und Trinken aus der Cap.

Wir sahen kurz darauf die hohe Gebürge
von der Cap, nehmlich den Teufelsberg, Tafelberg, und Löwenkopf, oder Löwenberg.
Auf dem Löwenkopf ist täglich eine Wache mit
einem Stück und einem Flaggen-Stock, damit, wenn sie ein Schiff von ferne siehet ankommen, sie die Flagge aufziehen, und das
Stück loßschießen kan. Also erreichten wir
einmahl das schon längst erwünschte Ort, oder
das Land der guten Hoffnung, wie es auf teutsch
also genennet wird, kamen den 2. Febr.
glücklich auf der Rhede bey der Cap de bonne
Esperance an, und ist dieses eine Reise von
Holland aus von 2100. Meilen.

An diesem Ort lagen wir vierzehen Tage
still, und versahen uns wieder mit Wasser
und andern Lebensmitteln. Wir kamen auch
eben zu rechter Zeit dahin, weil es Sommer,
und alle Früchten zeitig waren. Sie schnitten auch schon Trauben zum mosten, weil sie
jährlich zwey oder dreymahl Weinlese halten.
Sie schneiden zuerst die beste ab, und warten
mit denen übrigen wieder drey oder vier Wochen. Wir bekamen drey Tage nacheinander
wie auf allen Schiffen gebräuchlich ist, wann
sie allda ankommen, frisches Brod und Fleisch.
In

Indessen waren wir froh, daß wir einmahl
Land erreichet hatten, und haben wir das
leidige Schiffahren bald darüber vergessen.
Ich nahm Erlaubniß bey meinem Capitain,
ob ich dörfte an das Land fahren? welches er
mir bewilligte. Dieses ist so ein fruchtbares
und köstliches Land, daß mans nicht besser
wünschen könnte; und kan dasselbe eines von
den besten auf dem ganzen Erdboden genennet
werden, weil dasselbe nicht nur an sich selber
sehr fruchtbar, sondern auch die Luft über die
massen gesund und temperirt ist, also, daß ich
nicht wüßte, was zum leiblichen Unterhalt
allda mangelte. Und ob es schon Winter wird,
so ist es doch niemahlen so kalt, daß es schneyen
oder gefrieren sollte. Dahero die Ostindische
Compagnie vor einigen Jahren einen festen
Plaz an dem Wasser, unten an dem Teufels-
Löwen- und Tafelberg bauen, und mit Soldaten und anderer Nothdurft gegen die Wilde genugsam versehen lassen, damit sie ihre
hin und wieder fahrende Schiffe, mit Brod,
Fleisch, Wasser und Holz, ohne alle Gefahr
proviantiren könne. Das Castell ist mit hohen Mauren verwahret, und mit grossen Stücken besezt. Darinnen wohnet der Gouverneur und die ganze Guarnison, welche bey 500.
oder 600. Mann stark ist. Bey dem Castell
ist ein grosses Dorf, darinnen viele Holländer
und Teutsche wohnen. Dabey hat es auch
einen Garten, einer Stunde groß, worinn
aller-

allerhand Gewächſe gepflanzet werden, als
Kraut, Bohnen, Salat, Zwiebeln und dergleichen, welches alles denen Schiffahrenden
ausgetheilet wird. Gleich an dem Dorf ſtehen, wie bereits erwehnet worden, vier hohe
Berge. Der erſte wird genannt der Wind-
oder Teufelsberg, weil man öfters ein Getös
allda höret, das vermuthlich von denen ſtarken Süd-Oſt-Winden, die beſtändig darüber
her wehen, entſtehen mag, und man allda
öfters Irrwiſche oder brennende Lichter ſiehet; der zweyte iſt der Tafelberg, weil er
oben ganz platt und eben, auch in der Form einer Tafel da ſtehet; und ob er ſchon grauſam
hoch, hat es doch einen groſſen See oben, von
deme das köſtlichſte Waſſer, welches in Oſtindien nicht gefunden wird, herunter fließt; der
dritte iſt der Löwenkopf, wo täglich, wie bereits geſagt worden, eine Wache ſtehen muß,
um auf die Schiffahrende Achtung zu geben,
wann ſie ankommen; der vierte heiſſet Löwen-
ſchwanz, weil der Löwenkopf und der Löwen-
ſchwanz gleich einem ruhenden Löwen da liegen.
Und dieſe beyde leztere Berge werden insgemein
der Löwenberg genannt. Es liegen auch zwey
Dörfer, die von lauter Franzoſen bewohnet
ſeyn, 5. Stunden davon, welche die Holländer, als die Reformation in Frankreich vor-
gieng, annahmen. Sie haben ſchöne Gebäude
darinnen und ſind umwachſen mit allerhand
fruchtbaren Bäumen. Vor Zeiten haben die
Holländer

Holländer den Wein und das Korn mit grosser
Mühe und Unkosten nach Indien bringen
müssen; anjezo aber bauen sie auf dem Vorgebürge den besten Wein, welcher auch in Europa unter dem Nahmen Cap-Wein bekannt
ist. Sie bauen auch die schönste Früchte, als
Waitzen, Rocken, Gersten und Erbsen daselbst,
so daß der Wein und die Frucht von daher in
grosser Menge nach Indien gebracht wird. Es
hat auch in dem Lande hin und wieder noch viele
Bauren-Höfe; sie können das beste Land aussuchen, und so viel anbauen, als ihnen belie-
big ist. Die Bauren, die alle von uns Teut-
schen abstammen, und keinen Knecht haben,
kommen ins Castell, und fragen bey denen
Soldaten: ob einer oder der andere Lust habe,
bey ihnen zu dienen? Hat einer Lust hiezu, so gehet
er mit dem Bauren zum Hauptmann, lässet
seinen Nahmen aus dem Register der Soldaten abschreiben, welches der Officier sich gefallen lassen muß, und bekommt ein Knecht des
Monats 15. bis 20. fl. zu Lohn. Wann nun
ein solcher Kerl eine Zeitlang bey einem Bauren
gedient, und das Land erkundiget hat, so kan
er sich eine Landschaft aussuchen, wo er will.
Mancher hat das Glück, eine Bauren Tochter zu heyrathen, und wird auf solche Art
reichlich versorget; dann es gibt Bauren daselbst, die man auf 10. bis 12. Tonnen Goldes
schäzet. Es ist auch der Gebrauch, wann einer
ein Land zu bauen anfangen will, so gibt man
ihme

ihme von der Cap einen Wagen und Pflug,
acht Ochsen, darzu auch den Saamen, auch
etliche Jahre Freyheit von allen Beschwerden,
mithin kan einer in kurzer Zeit zu einem grossen
Reichthum gelangen. Die daselbst wohnende
Europäer kleiden sich sehr sauber, und auf unsere Art. Die Männer in gutes und kostbares
Tuch, die Weiber und Töchtern aber in Zitzen
und seiden Zeug. Sie treiben starken Handel mit denen Seefahrenden. Gegen Rei-
sende sind sie gastfrey, so, daß wann man 8.
oder 14. Tage bey ihnen ist, man die Tafel jederzeit mit allem Ueberfluß besetzt findet, nur
um etwas neues aus Europa oder Ost-Indien
erfahren zu können. In diesem Land aber ist
bey 200. Meilen Wegs keine Stadt oder Dorf
bekannt; jedoch ist es volkreich. Man nennet
seine eigentliche Einwohner Hottentotten.
Sie sind von Farbe, wie die Zigeuner; auf
ihren Köpfen ist Haar wie Wolle, und
wegen des s. h. Koths, womit sie sich
einzuschmieren pflegen, ist es beym Anrüh-
ren nicht anderst, als ein fester Filz, darauf
oder daran sie allerhand Meerschnecken,
kupferne Ringe und Knöpfe hängen. Sie sind
mittelmäßiger Statur, haben stumpfe breit-
lechte Nasen; sie gehen ganz nackend, ausser
daß sie eine ungegerbte Schaafs- oder Kälber-
Haut mit sich tragen, welche sie auf den Rücken hängen, damit sie, wann es ein wenig
kalt ist, oder regnet, sich bedecken. Vor
C ihrer

ihrer Scham haben die Männer einen Schaafs-
oder Fuchsſchwanz ; an der Weibsbilder
Scham hanget ein natürliches Lipplein, wie
an eines welſchen Hahnen Schnabel. Wollen
ſie ſchön und angenehm bey ihren Männern
ſeyn, ſo umwickeln ſie ihre Füße und Aerme
mit unausgeleerten Schaafs-Därmen, machen eine Salbe von Kühkoth, Blut und
Milch, und ſchmieren damit ihr Geſicht. So
ſalben ſie ſich ſonſten auch mit Fett an dem
ganzen Leib, wovon ſie ſo gelenckig werden, daß
ſie mit einem Pferd in die Wette laufen. Ihre
Nägel beſchneiden ſie niemahlen, weilen dieſe
eine ſonderliche Zierde bey ihnen ſind. Sie
haben eine wunderliche Sprach ; ſie kan weder geſchrieben noch geleſen werden, weil ſie
mit der Zunge offt knallen. Die aber ſich um
die Cap aufhalten, können auch etwas Holländiſch reden. Sie haben weder Geſetz, noch
einen Regenten. Ein jeder iſt vor ſich, und
kan thun, was er will. Sie wiſſen von keinem
Gebott oder Glauben nichts ; ſie ehren aber
den Neumond. So bald ſie ihn das erſtemahl
ſehen, tanzen, ſchreyen und ſingen ſie die ganze
Nacht. Sie pflanzen und bauen nichts, haben auch keine Häuſer, oder gewiſſe Wohn-
örter, ſondern lauffen mit ihrem Vieh von einem Plaz zum andern. Ich habe ſie auch ſehen
melcken. Der eine hielte ſein Fell, das ſie auf
dem Rücken tragen, unter das Euter; der andere blaſete der Kuh mit dem Mund zum Hintern

tern hinein, damit ließ die Kuh, ohne ſie an
dem Euter zu berühren, die Milch von ſelbſten
lauffen. (*) Ihre Speiſe iſt mehrentheils
ungekocht Fleiſch. So lang ſie aber verreckte
Schaafe und Rinder haben, (dann dieſe halten ſie vor zeitig,) bringen ſie keines um das Leben; es iſt ihnen auch gleich viel, ob ſie von
einem Menſchen, oder Vieh treſſen. Es gibt
auch noch einen andern Leckerbiſſen bey ihnen,

C 2   wo-

(*) Wer etwann glauben möchte, daß man ihme, von dieſer
beſondern Art zu melcken, ein Mährlein aufbürden wolle,
der erkundige ſich dißfalls in M. Peter Kolbens Be-
ſchreibung des Vorgebürges der guten Hoffnung, 4.
Nürnberg 1745. Seite 159. woſelbſten auch Tab. XIII.
dieſe erbauliche Ceremonie in einem Kupferſtiche vorgeſtellet wird. Nur gehet Kolb darinnen von unſerm
Autor ab, daß er ſagt: Wann eine Kuh die Milch nicht
wolle gehen laſſen, ſo binden ſie die hintern Füſſe, damit
ſie nicht ſchlagen kan, und blaſen ihr mit aller Macht in
die Mutter. Dieſes thun die Männer ſowohl, als die
Weiber. Auch iſt in ermeldtem Kupferſtich ein Gefäß
unter die Kuh geſtellet, und die Hottentottin ſtreichet
das Euter, wie gewöhnlich, mit der Hand. Kolb be-
ſchreibet auch loc. cit. S. 160. ihre ſchöne Art, Butter
zu machen, folgender Geſtalten : Sie gebrauchen, ſtatt
des Butter-Faſſes, einen Sack aus einer Haut von einem
wilden Thier, deren Haare einwärts gekehret. Den Sack,
ſo beynahe einer Ranze gleichet, außer daß kein Trag-
Riemen daran iſt, ſchütten ſie halb voll Milch, binden
ihn zu, und zwey Perſonen ſchwingen ihn hin und her,
jedwede bey einem Zipfel, ſo lange, bis ein Theil der
Milch zu Butter geworden. Dieſen bewahren ſie in
Töpfen, und beſchmieren den Leib damit, oder ihren
Kroſſe, (worunter Kolb ihr auf dem Rücken tragendes
Fell verſtehen mag.)

womit ein Europäer, der ihnen nur zusiehet, ein Vomitiv oder Brechmittel ersparen kan. Sie sitzen nemlich, wann die Sonne warm scheinet, zusammen, klopfen ihre Felle, die sie über den Leib hängen, mit einem Stecken aus, und entledigen sie auf solche Art von ihrer starken Guarnison. Die Läuse s. v. lesen sie sorgfältig auf, zerbeisen sie mit denen Zähnen, und speyen die Bälge wieder aus. Ihr Frauen- zimmer ist eben so reinlich, wie die Manns- personen. Diese graben die Würmer und Maden, die in denen Schaafs-Därmen, die sie um die Aerme und Füße gewickelt haben, zu wachsen pflegen, mit einem Stecklein sorg- fältig aus, und verzehren sie, als einen Lecker- bissen. Und dieses Gastmahl kan man alle Tage bey ihnen sehen. Wann ihre Eltern alt wer- den, und können dem Vieh nimmer nachlauf- fen, so schlagen die Kinder dieselbe tod. Sie heyrathen auch einander, und wird zum Zei- chen dem Weib ein Glied von dem Finger ge- schnitten, damit kein anderer mehr bey ihr schlaffe. Wann auch ein Weib zwey Kinder hat, oder zwey auf einmahl gebieret, so brin- get sie das schwächste um, damit das andere desto stärker werde. Sie leben übrigens ver- gnügt, und sind zu frieden, wann sie nur den Tag über zu leben haben; sie sind auch sehr diensthaft, so, daß sie auch um ein geringes den ganzen Tag arbeiten, oder 10. Stunden weit lauffen, nehmlich vor einen Knopf oder einen

bley-

bleyernen Ring um den Finger. Die Holländer begehren ſie auch nicht zur Bekehrung zu
bringen. Weil ſie ſelbſten ſo ſteif an ihrer an-
genommenen Weiſe bleiben, und auf keinen
Weg ſich davon abbringen laſſen, ſo haben auch
die Holländer einen beſſern Nuzen von ihnen,
als wann ſie klug wären. Wann ſie an der
Cap keine Schaafe oder Rind-Vieh mehr haben, ſo nehmen ſie eine Parthie Hottentotten,
die ſich an der Cap aufhalten, geben ihnen
Knöpfe, Fingerringe, Spiegel, Meſſer, Taback, und dergleichen Waaren, ſchicken ſie
bey 40. oder mehr Meilen in das Land hinein,
und tauſchen Schaafe und Rind-Vieh davor
ein, daß ſie manchmahl groſſe Heerden Vieh
davor bringen. Wilde Thiere hat es in Africa
viele, beſonders Löwen und Tiger, welche
denen Menſchen öffters vielen Schaden thun.
Es gibt auch ſehr viele Elephanten und Rhinoceros, oder ſogenannte Naashörner, groſſe
Affen, Pavianen, wilde Hunde, und wun-
derſchöne wilde Eſel, oder Wald-Eſel, Zecoa
genannt. Sie ſind in der Geſtalt wie ſonſt ein
Eſel, haben aber ſonſt oben auf dem Rücken
bis auf den Bauch hinunter weiß und ſchwarze
Striche, welches über die maſſen ſchön iſt.
Hirſche, Elendthiere, wilde Schweine, Mur-
melthiere hat es auch allda. Nicht weniger
haben ſie auch viele zahme Thiere, als Pferde,
Ochſen, Kühe und Schaafe, welche letztere
bis hundert Pfund wägen; ſie haben einen

C 3 brei-

breiten Schwanz, welcher fast so breit als das
Schaaf selber ist; wie dann manchmahl ein
solcher Schwanz allein 20. bis 30. Pfunde im
Gewicht hat. Sie haben meistens Hörner,
und glatte Haare, und wenige Wolle auf dem
Rucken, welche aber nicht zu gebrauchen; sonsten hat es auch Hunde und Katzen. An Geflügel
ist gleichfalls kein Mangel, absonderlich gibt es
viele Straussen, und werden ihre Eyer in grosser Menge gefunden und gegessen; es seyn aber
dieselbe von solcher Grösse, daß in eines eine
Maas Wasser geht, und habe ich selbsten viele
dergleichen gegessen, auch eines mit hieher gebracht. Die Straussen haben zwar Flügel und
Federn, können aber wegen ihrer ziemlichen
Grösse nicht fliegen. Es hat auch viele Pfauen
und Kropf-Gänse; wilde Enten aber, Feld-
Hüner, und andere kleine Vögel sind im
Ueberfluß da.

Nach deme wir uns nun vierzehen Tag allda
aufgehalten, und unser Schiff mit Wasser,
Schaafen und andern Lebensmitteln versehen
hatten, wurde auf dem Schiff eine rothe
Flagge aufgesteckt, zum Zeichen, daß ein jeder
auf dasselbe kommen solle, wer darauf gehört.
Wir lagen unsrer 24. Schiffe zugleich allda,
darunter zwey französische und zwey dänische
waren. Vierzehen kamen von Indien, die
nach Holland fuhren; und vier kamen aus
Holland, die mit uns nach Batavia wollten.
Wir lichteten unsere Anker, und nahmen den
Weg

Weg mit fünf Schiffen Oſtindien zu. So bald wir aber das Land aus dem Geſichte hatten, bekamen wir einen harten Sturm, welcher uns bey 400. oder 500. Meilen Abweegs brachte, und uns eine lange Reiſe und viele Kranke und Tode verurſachte. Unſere vier andere Schiffe kamen uns auch aus dem Geſicht, und wir ſahen ſie nicht mehr. Wir wurden durch den groſſen Sturm bey 50. Grade in die Süder-Breite getrieben; es fielen uns auch zwey Matroſen durch den Sturm von dem Fock-Ree (*) in das Waſſer, und ſahen wir ſie eine Zeitlang oben auf demſelben ſchwimmen, konnten ſie aber wegen denen groſſen Wellen mit unſerem kleinen Schiff nicht einholen, mußten ſie alſo verlaſſen. Wir bekamen allda eine groſſe Kälte, daß es Schnee und Eiß gab. Unſer Compaß wollte auch nicht mehr recht weiſen, weil wir ſchon ſo weit in der Süder-Breite waren. Alldort ſolle auch die unbekannte Sud, (**) oder, wie etliche meynen, das Paradis ſeyn, welches aber der

C 4 ge-

(*) Fock-Ree iſt ein langes und rundes Stück Holz, welches in der Mitten noch einmahl ſo dicke iſt, als an den Enden. Man hänget es quer über an den vordern oder Focke-Maſt, um die Seegel daran zu ſpannen.

(**) Unter der unbekannten Sud muß der Autor die weit hinnach) Süden gelegene unbekannte Länder, welche andere auch das wüſte Süder-Land nennen, verſtehen, und die biſhero noch nicht entdecket worden ſind; auf den Landkarten werden ſolche überhaupt Terra auſtralis incognita benähmſet, und iſt daſelbſt nichts als ein leerer Raum.

gemeinen Sage nach, nicht gefunden werden
solle, bis an der Welt Ende. Anno 1723.
ist ein holländisches Schiff durch den Sturm
alldort auf eine Insel kommen, welche aber
nicht bewohnt war, und doch haben sie aller=
hand kostbare Früchten allda angetroffen.
Die Kranke erquickten sich an den Früchten,
welche sie assen, und wurden davon alle gesund.
Sie fülleten ihre Fässer mit Wasser, und ka=
men glücklich auf Batavia. Als nun der
Kiefer die Fässer ausschwenken wollte, war
anstatt des Sandes das beste Stoff Gold, oder
reines Gold in Körnern, darinnen. (*) Die
Steuerleute wurden gefragt: was vor eine
Höhe von der Linie sie gehabt hätten, da sie
auf dem Land gewesen? welches sie in ihrem
Tag=Buch aufgeschlagen. Sie schickten wie=
der zwey Schiffe darauf zu, die das Land auf=
suchen sollten. Als sie nun auf den Platz
kamen, und eben diese Höhe hatten, so weisete
der Compaß nicht mehr, so daß sie nicht wußten,
ob sie gegen Osten oder Westen fahreten, und
mußten, ohne das Land zu finden, wieder nach
Batavia zurück. Da sie aber solches nach
Holland

(*) Hemmersam in seiner Guineischen und West=Indiani=
schen Reisebeschreibung, S. 103. 104. will eben die=
ses bekräftigen, wann er sagt: Man nenne solches die
güldene Insel. Es seye einsmahls ein Kerl, wegen
eines Verbrechens, an das Land gesezt worden, den end=
lich ein Englisches Schiff aufgenommen. Und dieser
habe seine beyde Säck voll Gold gehabt. Man habe abe=
nachbero die Insul nicht mehr finden können.

Holland schrieben, so mußten bald darauf
drey Schiffe dahin fahren, um das Land zu
erkundigen. Das eine kame nach anderthalb
Jahren nach Batavia, hat es aber nicht gefunden. Die andere zwey Schiffe aber seynd
noch nicht wiedergekommen. Dahero meynen etliche, es wäre die schon erwehnte, unbekannte Sud, (*) oder das Paradiß, oder müsse
eine treibende Insel seyn, die auf dem Meer
hin und wieder schwimme.

Als uns nun der Sturm verlassen hatte, kamen wir wieder auf den rechten Weg, und
fuhren des Morgens vor Tag hart an der Insul, Paul Amsterdam (**) genannt, vorbey;
welches unsere Steuerleute noch nicht vermu-
theten. Unsere Schildwache oder Ausguck,
die auf dem vordern Mast saß, ruffte: Land,
Land, voraus, voraus! welches unsere
Steuerleute auch bald sahen, und sehr er-
schracken, weil sie kaum noch zwey oder drey
Stein=Würffe von dem Land waren. Sie
ließen aber gleich in der gröſten Eil die Ruder

C 5

und

(*) Davon siehe die Anmerkung auf der 39. Seite.

(**) Ein See=Atlas, welcher ehemahlen in Amsterdam
herausgekommen, und den wir würklich in Handen
haben, belehret uns auf der 40sten Seekarte, welche
den östlichen Theil von Ostindien vorstellet, daß dieses
zwey neben einander liegende Inseln seyen, deren die
eine St. Paul die andere aber Amsterdam genennet
werde. Sie liegen zwischen Neu=Holland und Ma-
dagascar.

und die Seegel drehen, damit wir an der linken
Seite derselben könnten vorbey fahren. Dieses
Land ist nicht bewohnet; doch hat es viele
Geißböcke und Vögel darauf, und ist bey
50. Meilen lang und breit. Es fiel auch ein
Matros vornen von dem Gallion, (*) wo
man seine s. v. Nothdurft verrichtet; da
wurden gleich die Seegel aufgezogen, und
gegen den Wind gestellt. Wir setzten unser
Scheidt (**) aus, weil der Wind nicht zu
stark gieng, und holten ihn wieder ein. Es
verlieff sich aber wohl eine Stunde, bis wir
ihn wieder auf dem Schiff hatten; und ob er
schon nicht schwimmen konnte, bliebe er doch
oben auf dem Wasser, weil das gesalzene
Meer-Wasser viel schwerer trägt, als das
andere.

Hier gieng unsere Trübsal erst recht an;
dann wir bekamen dreyerley Seuchen oder
Krankheiten auf unserm Schiff, welche so
ansteckend waren, als wann es die Pest wäre,
nehmlich das hitzige Fieber, so daß die Gesunde nur zu thun hatten, auf diese Achtung
zu geben, daß sie in der Raserey nicht über das
Schiff sprungen; zweytens hatten auch viele
die

(*) Gallion ist des Schiffes Schnabel, wo es sich vornen
zusammen spitzet.

(**) Unter dem Scheidt wird hier ein Boot verstanden,
so ein kleines Fahrzeug ist, dessen man sich bedienet,
um die Leute und Waaren auf und von dem Schiff zu
bringen, weilen grosse Schiffe zu tief im Wasser gehen,
als daß sie zu nahe an das Land kommen dörften.

die Ruhr, welches einen solchen Gestank in
das Schiff gab, daß man fast nicht bleiben
konnte; drittens hatten viele den Scharbock, welches eine schmerzliche Krankheit ist,
die auf dem Land selten gefunden wird, und
von denen scharfen gesalzenen Speisen, auch
von der Seeluft herkommt. Sie wird auf
denen Schiffen selten curiret, und fanget zuerst in denen Zähnen an, daß das Zahnfleisch
ganz faul wird, und man den ganzen Kiefer
wegnehmen kan. Die Patienten werden völlig steiff an dem ganzen Leib, daß sie sich weder
wenden noch regen können; sie bekommen auch
faul Fleisch an dem Leib, daß man ganze Stücke heraus schneiden kan. Des Morgens und
Abends kommen die Barbierer, und visitiren
alle Kranke. Denen, die den Scharbock haben, schneiden sie das faule Fleisch von dem
Zahnkiefer, auch aus dem Leib, und geben Arz-
neien. Die Kranke werden besonders auf einen Plaz gelegt, und ein jeder auf seine eigene
Küste, und haben weder Bett noch Küssen unter ihnen. Wer auch nicht einen guten Came-
raden hat, und selber seine Ration an Wasser
und Brod aufhalten konte, der mußte vor
Hunger und Durst sterben; dann wer noch gesund war, gieng nicht gerne zu den Kranken,
damit er nicht auch angestecket würde. So
wurden auch alle Morgen und Abend nach dem
Gebet, zwey, drey oder vier Tode in das
Wasser geworffen. Es hatte das Ansehen,

als

als wollte das ganze Schiff ausſterben. Ich
hatte aber nicht den geringſten Abſcheu an den
Toden und Kranken, und verlieſſe mich auf
GOTT, verrichtete Morgens und Abends
mein Gebet, und dienete den Kranken, ſo
viel mir möglich war. Ich blieb auch die
ganze Reiſe geſund, und fehlete mir niemahlen
nichts. Aus dieſer Urſache wurde ich allezeit
gerufen, daß ich den Toden holen ſollte. Da
nahme ich denſelben unter den Arm, und
ſchob ihn durch ein viereckigtes Loch hinauf
auf das Verdeck. Oben ſtunde ein anderer,
der mir ſolchen abnahme, und denſelben ſodann
dem Segelmacher übergabe, der ihn in ein
Segeltuch einnehete. Iſt einer bey Nacht geſtorben, ſo wird derſelbe bis nach dem Mor-
gengebet, iſt aber einer bey Tag den Weg alles
Fleiſches gegangen, bis nach dem Abendgebet
aufbehalten, und ſodann in das gemeinſchaft-
liche Grab aller Seefahrenden, nehmlich in
das Meer, geworfen. Es war aber unſer
Glück, daß wir nicht mehr weit von Batavia
waren. Unſer Schiff-Capitain verſprach demjenigen ſechs Thaler, der zum erſten Land ſehen
würde, und darneben befahl er ſcharf, des
Nachts fleißige Wache zu halten, und auf des
Waſſers Farbe Achtung zu geben, weil man
daran des Landes Nähe verſpühren kan. Unterdeſſen hatten wir groſſe Mühe, weil unſerer
ſo wenige Geſunde waren, unſere groſſe
Anker und Seiler herfür zu bringen, und ſol-

Sie zu recht zu legen. Unsere Schildwache ruffte einsmahls: Land, Land! Die Steuerleute stiegen mit Freuden auf den Mast, und sahen, daß es das rechte Land, nehmlich Java, wäre. Dieses verursachte eine grosse Freude unter uns, daß wir einmahl von dem leidigen Schifffahren befreyet wurden, und wurde dem Volk Brod und Wasser genug gegeben. Es waren nur noch sieben Gesunde auf meiner Wache, die noch arbeiten konnten. Es besuchten uns einige Javanische Innwohner, brachten auf ihren, nur von Holz zusammengemachten, und Seegel = geschwinden Fahrzeugen, eine grosse Schildkröte, welche über hundert Pfund schwer gewesen. Das Fleisch davon wurde klein geschnitten, und uns eine Suppe davon gekocht, welches denen Kranken vor eine Arzney gegeben wird. Sie hatten auch allerhand Indianische Früchte, als: Feigen, Pisang, Cucumern, Königs= äpfel (*), Pompelmus, Citronen, Ananas, Zucker=Riet und Reiß, welches wir von ihnen vor alte Kleider, altes Eisen und Taback eintauschten. Da kamen wir in die Straße, deren Länge bis auf Batavia 36. Meilen ist. Auf der rechten Seite sahen wir die königliche Residenz Stadt Bantam. Wir mußten wegen

contrairen

(*) Königsäpfel sind, nach des Autors mündlichem Bericht, runde Blut=rothe Aepfel, voll von Körnern, haben einen Geschmack wie Pomeranzen; nur sind sie etwas säuerlich.

contrairen Winds unsere Anker fallen laſſen,
und wurden zwey ſette Rinder, auch allerhand
ſchöne Baumfrüchten und vortreffliche grüne
Kräuter, von Bantam mit kleinen Fahrzeugen auf unſer Schiff gebracht, welche der
Holländiſche Commandeur uns verehrte; damit wurde das Volk wieder ziemlich geſund.
Es iſt aber Bantam denen Holländern auch
eigen; und obſchon der König von den Innwohnern herſtammt, ſo wird doch ſolcher von
denen Holländern eingeſetzt, damit ſie den König zum Freund haben. Wann nun ein
ſolcher König denen Holländern nicht will zugethan bleiben, ſo halten ſie ihn gefangen auf
Batavia, und ſetzen ſeinen nächſten Erben auf
den Thron. Dieſes Land iſt ſehr goldreich;
allda wächſet auch der Pfeffer und die ſpaniſche Rohre, welche wir ſonſten zum Spazieren-
gehen gebrauchen, in ſo groſſer Menge, daß
man das hundert vor 1. Thaler verkauffet,
und ich habe die ſpaniſche Rohre anſtatt der
Reiffe gebraucht.

Nun hatten wir noch zwölf Stunden
auf Batavia. Wir erreichten unſern Zweck
Anno 1735. den 26. May, und kamen glücklich auf der Rhede an. Unſere Reiſe, die wir
in ſechs Monaten und fünffzehen Tagen mit
GOttes Hülfe von Mittelburg bis auf Batavia verrichtet haben, belauft ſich auf drey-
tauſend ſechshundert ſechs und dreyßig Meilen. Wir hatten 76. Todte; es kamen noch
über

über 100. Kranke in den Haußspital, und
waren nicht weiter als 36. Gesunde, die auf
das Castell konnten. Wir wurden nach unsrer Ankunft vor dem holländischen General
Abraham Battras, mit Gewehr in Ordnung
gestellt, und von ihme bewillkommet; hernach
aber von den Officieren in dem Castell auf die
Pünten (*) ausgetheilet. Ich kam auf die
Pünte Rubin. Sodann bekamen wir drey
Feyertage, um nach Gefallen spaßieren zu
gehen. Den 30. May wurde ein Feyer- und
Bett-Tag gehalten, welches alle Jahre an
diesem Tag zu geschehen pfleget, weil an demselben die Stadt von denen Holländern erobert
worden. In der Kirche wurden die Soldaten
und Matrosen von den Predigern sehr gerüh-
met: wie sie mit dem Messer in dem Maul
über die Mauren gestiegen seyen; als grimmi-
ge Löwen die Leute darinnen ermordet, und die
Stadt erobert haben. Des Abends um 5.
Uhr wurden alle Stücke auf dem Castel loß-
geschossen, welches hernach um die ganze
Stadt und auf allen Schiffen gleichfalls ge-
schahe. Darauf gehen alle vornehme Herren
Officiers in das Castel, allwo sie kostbar
tractiret werden, welches auf Rechnung ihrer
Herren Principalen in Holland geschiehet.

Das

(*) Pünte wird in der Fortification der Bollwerks-Winkel
genannt, hier aber wird ein ganzes Bollwerk darunter
verstanden.

Das Castel, oder Vestung, ist mit einer hohen Mauer wohl versehen, und hat eine halbe Viertelstunde im Umkreiß. Rings um das Castel lauffet ein Wasser, daß man mit grossen Schiffen herum fahren kan. Auf den Mauren sind schöne grosse Stücke gepflanzet, und auf allen vier Ecken des Castels sind Pünten. Die erste heißt Perle, und ist ein Fähndrich mit 100. und noch mehr Soldaten Commendant darauf. Die andere heißt Diamant; der Commandeur darauf ist ein Lieutenant. Die dritte ist der Rubin, und ist darauf ein Capitain zum Commandeur gesetzt. Die vierte Pünte heißt Saphir, und ist darüber ein Sergeant Commandeur. Auf einer jeden Pünte sind so viele Soldaten, als auf der andern. In der Mitte des Castels wohnet der General und Gouverneur, der Major und Directeur, welcher der nächste an dem General ist. Es ist auch in dem Castel eine Waffen-Kammer, daß man eine ganze Armee Soldaten damit versehen könnte. Es hat dasselbe zwey Pforten oder Thore. Das eine Thor stehet gegen dem Wasser, wo die Schiffe ankommen: das andere aber gegen der Stadt. Es seynd auch bey jedem Thor 100 Soldaten. Das Thor, welches nach dem Wasser zu stehet, heißt Wasser-Thor, das andere aber Land-Thor, und von diesem gehet eine Brücke in die Stadt.

Die

Die Stadt hat drey Viertelstunde im Umkreiß. Rings um dieselbe läuft ein fliessendes Wasser. Sie hat eine hohe Mauer, ist wohl mit Geschütz versehen, und hat fünf Pforten oder Thore. An jedem Thor ligt eine Wache mit Soldaten von 100. Mann, und darbey ein Capitain und andere Officiers. Durch alle Gassen läuft ein fliessendes Wasser, welches denen Kaufleuten sehr dienlich ist, und können sie mit denen Schiffen vor ein jedes Haus fahren. Auf beyden Seiten des Wassers stehen grosse Tamarinden-Bäume, (*) so, daß die Aeste über das Wasser gegen einander stossen, und man nicht allein mit denen Schiffen in der Stadt hin und wieder fahren, sondern auch auf denen zu beeden Seiten des Canals befindlichen Strassen mit Kutschen in dem Schatten fahren kan. Die Fußwege seynd mit viereckichten Backensteinen gepflästert; und weil die Aeste von den Bäumen auch oben an die Dächer der Häuser stossen, so ist es um so angenehmer, als man in der grösten Hitze im Schatten durch die ganze Stadt spazieren kan. Die Häuser darinnen seynd nach französischer Art, und die

D　　　　Gassen

(*) Tamarinden-Bäume werden häufig in Ost-Indien gefunden. Sie tragen grosse und krumme Hülsen-Früchte und ein braunes Marck mit rothen Kernen, die man zum Purgieren gebrauchet, auch wegen ihrer kühlenden und blutreinigenden Kraft häufig nach Europa versendet. Sie werden in Zucker eingemacht, auch wohl nur eingesalzen.

Gassen gleich weit und gerade; und obwohl
die Stadt nicht sonderlich groß, so haben doch
bey 12000. Chineser darinnen gewohnt. Ausser
der Stadt wohnen auch noch viele tausend
Chineser, und sonsten allerhand Nationen.
Man siehet bey drey Meilen Wegs die schönste
Lust-Gärten, darinnen allerhand kostbare
Früchte, Bäume und Gewürz zu sehen sind.
Es hat auch grosse Felder mit Reiß und Zucker.
Das Land Java hat 500. Meilen in die
Rundung. Fünfzehn Stunde von der Stadt
ist ein hoher Berg, Blauenberg genannt;
oben auf demselben siehet man täglich einen
dicken Rauch, welcher aus dem Berg fähret;
er ist auch schon öffters gesprungen. Wann
der Dampf nicht mehr aus demselben heraus
kan, so springet er voneinander, und die
Asche fähret bey drey oder vier Stunden
weit. Aus diesem Berg quillet auch ein
starkes Wasser, welches in die Stadt Batavia fließt oder läuft. Sie haben in der
Stadt kein anderes Wasser zum Kochen
oder zum Trinken, als dieses, weil das
übrige Wasser alles gesalzen ist. Wann
nun der schon genannte blaue Berg springt,
so verursacht es gemeiniglich in der Stadt
ein Sterben, oder wenigstens Krankheiten,
weil die salpetrigte und schwefeligte Asche in
das Wasser fället. Mitten in dem Land,
nehmlich zu Garten-Suhra (*) wohnt der

(*) Der Autor versichert uns, daß man diesen Ort daselbsten also
    nenne. Villeicht geschiehet solches aus Misbrauch, weilen wir
    nur von einem Sura, auf der Insel Java, Nachricht finden.

Javanische König. Er hat aber einen schlechten Wohn-Plaz; seine Bediente seynd meistens Frauens-Personen. Wann auch einer
von seinen Unterthanen eine hübsche Tochter
hat, so muß er sie dem Kayser bringen, dahero sie solche schon im siebenden Jahr verhey-
rathen. Seines Glaubens ist er mahome-
tanisch, hält die Beschneidung, und feyret
den Samstag, ehret aber Sonne und
Mond.

Damit ich nun wieder auf die Stadt
komme, so ligt dieselbe auf einem solchen herrlichen Boden, daß man zur menschlichen
Nothdurft alles haben kan, was man will.
Es ist daselbst alle Tage Markt. Man kan
auch Brod, Wein, Bier und Brandtewein
haben, so viel man will. Ob schon keine
Frucht daselbst wächst, so wird doch aus
Holland und von der Cap alles in Ueberfluß
hieher gebracht; und wer Geld hat, kan seine
Lust in allem büssen, worinn er will. Ob
es schon ziemlich heiß allda ist, (massen es nur
sechs Grade Süder-Breite von der Linie ligt,)
Tag und Nacht das ganze Jahr gleich sind,
und auch das ganze Jahr einerley Wärme ist,
so trinket doch selten einer Wasser, ausgenom-
men Thee, welches aber weniges Geld
erfordert; dann es gibt sonsten allerhand
Geträncke, z. E. die aus dem Kokos-
Klapper- oder Klappus-Baum verfertigte

Süre

Süre. (*)   Man machet auch allerhand Getränke von Brandtewein, nehmlich Gloria,
Buren-Bunz, und Massack.

Der Gloria wird also gemacht: Man
nimmt eine halb Maaß Brandtewein, eine
Maaß Wasser, und ein Pfund Zucker, thut
alles in eine Theekanne oder Hafen, stellt es
zu dem Feuer, bis es siedet; darnach wann
es siedet, nimmt man ein Papier, zündet es
oben an, und läßt es so lange brennen, bis es
selber auslöscht.   Hernach nimmt man ein
wenig Thee, Muscaten-Nüße und Zimmet,
und thuts auch darein.   Alsdann wird es
aus Thee-Schaalen warm getrunken, und ist
dieses ein herrlicher Trank.

Der Buren-Bunz wird also verfertiget:
Man nimmt Brandtewein, und noch so viel
Wasser, auch Zucker, bis es süß genug ist;
darnach Citronen-Saft und Muscaten-Nüße
darein gerieben, und wird dieses kalt getrunken vor den Durst.

Der Massack wird folgender massen zusammen gesetzt: Man nimmt siedend Wasser
und

(*) Dieser Saft wird sonsten auch Eura, Sury, Toack
und Palm-Wein genannt, und wird aus denen Klap-
pus-oder Kokos-Bäumen gezapfet.   Es ist ein gesundes
Getränke, das häufig gebraucht wird; wann diese
Feuchtigkeit aber einige Tage gestanden, so wird sie
saurer, und durch die Hitze der Sonnen gar leicht zu
einem guten Eßig.   Wann dieser Saft anfänglich ge-
kochet und destilliret wird, bekommt man daraus einen
köstlichen Arack oder Brandtewein, der lustige Köpfe
machet.

und schlägt Eyer darein, und dieses wohl umgerühret; darnach schüttet man Brand=tewein, Zucker und Muscaten=Nüße daran. Dieses wird aber warm getrunken.(*) Alles dieses aber ist, um der Wohlfeile willen, gar ein geringes Getränk, so nur von dem ge=meinen Mann gebrauchet wird. Vorneh=mere trinken Wein und Bier, wie es hier zu Lande gebräuchlich ist.

Das Garten=Gewächs wächset das ganze Jahr fort, und zwar ein=wie das andere mahl, als Kraut, Bohnen, Cucumern, Rettige, Zwiebel, Selleri, allerhand Salate, Peter=ling, und alles was man in Europa in denen kostbarsten Gärten finden kan. Jedoch ist alles ganz mager, weil sie keinen Dünger haben, und die Hitze allzugroß ist, auch der Erdboden das ganze Jahr tragen muß.

Von Specereyen hat es in diesem Lande nicht viel, außer was man in denen Gärten vor eine Seltenheit hält und pflanzet. Es hat daselbst weiter nichts von Specereyen, als Zucker, Pfeffer und Coffee.

D 3 Der

---

1 (*) Alle diese Getränke haben viele Aehnlichkeit mit dem englischen Punch oder Puntsch. In Saars Ost=In=dianischen Kriegsdiensten, fol. Nürnberg 1672. S. 60. wie auch in Andersens und Jversens oriental. Reise=Beschreibung, von Oleario herausgegeben. fol. Schleßwig 1669. S. 10. wird eines Getränkes Palebunze oder Palipuntz gedacht, so vermuthlich der obige Buren=Bunz seyn mag. Nur werden alle diese Getränke und ihre Composition von andern Reisebe=schreibern wieder anderst beschrieben.

Der Zucker wird meistens von den Chinesern gebauet und gepflanzet. Sie haben Felder, die setzen sie mit Zucker-Stöcken oder
Setzlingen aus, wie man bey uns das Kraut
setzet, einen Schuh weit von einander. In
Zeit von einem Jahr hat er schon zehen
Schuhe lange Stengel getrieben, und schneiden sie diejenige, so zeitig seyn, ab. Diese
Stengel kan ich nichts besser, als denen welschen Korn-Stengeln vergleichen. Es wachsen aber, wann die zeitigste abgeschnitten
seynd, schon wieder andere Stengel oder
Zweige daran aus, welche man alle viertel-
oder halbe Jahr abschneiden kan. Nach vier
oder fünf Jahren gehet aber ein solcher Acker
wieder ab, und muß man ihn umackern, und
von neuem anpflanzen. Die Stengel werden
in eine Zucker-Mühle gebracht und gestampft,
daß der Saft davon läuft; hernach wird der
Saft gekocht und geläutert, daß er Zucker
wird. Er wird aber erst in Holland geläutert,
und zu Zuckerhüten gemacht.

Der Coffee wächßt an grossen Stauden
oder Büschen, in kleinen runden Schefen,
darinnen sind aber nur zwey Bohnen. Solcher wird von Sclaven gesammlet, und an die
Holländer verkauft; der Centner kostet mehr
nicht, als drey bis vier Thaler.

So hat es auch grosse Felder von Reiß, und
können sie davon das ganze Jahr Ernde haben. Es giebt aber desselben zweyerley Gat-
tungen,

tungen, nehmlich Land- und Waſſer-Reiß.
Der Waſſer-Reiß wird auf die Felder geſäet;
hernach läßt man das Waſſer darauf lauffen,
wann ſolcher anfängt zu käumen; je länger
nun derſelbe wird, je tieffer laſſen ſie das
Waſſer darauf lauffen, und wann der Reiß
zeitig iſt, leiten ſie das Waſſer wieder von
dem Feld ab, und ſchneiden hernach denſelben.
Alsdenn wird er in einem hölzernen Trog abge-
ſtampfet und geputzt.

Jetzt will ich noch die ſogenannte Kokos-
Bäume beſchreiben, welche eine rechte wunderbare Art von Bäumen ſind, woraus die
Güte GOttes gegen die Einwohner dieſes
Landes beſonders zu erkennen iſt. Dann da
dieſe Leute keinen Wein und Brod haben, ſo
werden ſie, wegen dieſem Abgang, durch dieſe
Bäume hinlänglich ſchadloß gehalten, und
dadurch vielfältig erquicket, ja mit Seegen
gleichſam überſchüttet. Man kan die Früchten davon, nehmlich die Kokos-Nüſſe, ſowohl zeitig, als unzeitig, in und vor der Blüthe, alſo das ganze Jahr hindurch, auf viel-und
mancherley Art nützen. Sie haben auf manchem Gut etliche hundert dieſer Bäume, und
alle ſtehen reihenweiße und nach der Schnur
geſetzt, iſt auch einer ſo hoch, als der andere.
An dem erſten Stamm einer ſolchen Allee
ſind Staffeln eingehauen, ſo, daß man daran,
wie an einer Leiter, auf und ab ſteigen kan.
Iſt einer einmahl auf dem erſten Baum, ſo

kan

kan er sobann auf allen andern herumkommen,
weilen von jedem zwey Stangen auf den an=
dern gelegt sind, worauf man gehen, und
oben, in eines Mannes Höhe, befindet sich
noch eine Stange, woran man sich halten
kan.

Der Stamm vor sich selbsten taugt am
Holz nichts, und ist fast nicht zum brennen
tüchtig; im Boden stehet er meistens nur im
Sand, doch nicht gar zu tief; dahero werden
sie oft von den Winden umgerissen. Er
wächßt gerade über sich, viele Klafter hoch,
ist aber nicht anderthalb Schuhe dick, und hat
nicht einen einigen Ast. Oben haben sie zwey
Klaffter lange Blätter, und hat ein solches
Blat in der Mitte einen Grat hinaus, und
neben dem Grat noch andere Blätter, womit
die Innwohner ihre Häuser decken; das ist
nun die erste Wohlthat. Die zweyte ist, daß
sie Besen aus den Blättern machen; dann
wann sie solche abstreiffen, so bleibet ein
Reißig daran stehen, wovon sie Besen ma=
chen können. Die dritte ist, daß oben über
den Blättern etwas hervorwächßt, einer
Hirsch=Fänger=Scheide gleich, etwann andert=
halb Schuhe lang, und drey Quer=Finger breit;
wann sich solches aufthut, so siehet man die Blü=
the darinnen; ehe es sich aber aufthut, schneidet
man gemeiniglich darein, und hänget einen
Topf oder Hafen daran; da laufft etwas süsses

heraus

heraus, als wie der beste Trauben-Most.
Die vierte ist, daferne man obigen Saft eine
Weile stehen lassen will, so hat man guten
Wein davon. Die fünfte ist, wann man solches noch länger stehen läßt, und siedet es, so
hat man Zucker oder Geselz. Die sechste,
gräbt mans in die Erde, so hat man Eßig.
Die siebende, wann man es nicht eingräbt,
so hat man einen guten Brandtewein davon,
er muß jedoch vorhero geläutert werden; was
aber zur Blüthe kommt, und Nuß geben muß,
das wird gemeiniglich so groß, als eine grosse
Kegel-Kugel. Die achte, wann eine solche
Nuß geöffnet worden, so zeiget sich ein eißkal-
tes Wasser; wann nun einer ein Maaß davon
trinkt, so kan er sich doch bey dem grösten Durst
herrlich damit laben und erquicken. Die
neunte lässet man sie noch zeitiger werden, so
findet man eine solche Materie darinnen, wie
ein schöner weisser Brey. Die zehende, lässet
man sie aber noch länger stehen, so bekommt
man den Kern, der nicht nur gut zu essen ist,
sondern er wird auch gerieben, nach und nach
Wasser daran gegossen, und dann gibt es die
beste Milch; wer es nicht weiß, der trinkt es
vor natürliche Küh-Milch, und wird solche
auch viel zum Kochen gebraucht. Die eilfte
ist, daß aus dieser Milch eine Art Oel zum
Schmelzen des Zugemüßes gemacht werden
kan. Die zwölfte, daß sie aus denen innern
Schaalen Löffel, Knöpfe und allerhand an-

dere

dere Waaren machen können. Die drey=
zehente, daß von denen äussern Schaalen
Lunten und Stricke gemacht werden. Die
vierzehende, daß das Herz=Blat, das oben
einem Strauß gleichet, wann es gekocht
wird, nicht anderst schmecket, als unser süsses
Kraut. Die fünfzehende ist noch anzumerken,
daß solche Nuß=Kerne, gleich wie die andere
Nüße, zum Essen gut seyn.

Nun komme ich auf die Ananas zu reden.
Sie ist so groß als eine Rübe, oben mit einer
Krone oder Strauß geziert, hat eine schöne
Leib=Farbe, und einen Geschmack wie Erd=
beeren, aber doch sind solche wegen ihrer
Schärfe ungesund. Man sagt, daß wann die
schwarzen Frauens=Personen Kinder abtreiben
wollen, so essen sie des Morgens nüchtern da=
von, und treiben damit die Frucht ab. Ich
lasse es an seinen Ort gestellt seyn.

Ferner haben sie eine Frucht, die sie Sauer=
sack (*) nennen; sie wächßt auf grossen Bäu=
men, hänget an dem Stamm, nicht an den
Zweigen, und wieget wohl fünf und zwanzig
bis dreyßig Pfunde. In der Form ist sie fast
wie ein grosser ausgefüllter Ranze, und hän=
get an einem kleinen dünnen Stiel. Wann
man nun diese Frucht mit einem Messer er=
öffnet, so bleibet eine Materie daran kleben,
wie Pech. Alsdann siehet es innwendig, als
wann

(*) Andere heißen solche Jaka, die Niederländer aber in=
gemein Soorsack.

wann lauter kleine Nieren in dem Pech lägen,
welche schöne goldgelbe Kerne seyn, und ihr
innwendiges ist wie Zucker zu geniessen.

Es gibt auch noch eine Frucht, die wird
Duriang (*) genannt, welche noch grösser, als
eine grosse Kegel-Kugel ist; aussenher ist sie
stachelicht, wie ein Igel; dahero, wann man
solche öffnen will, muß man sie auf den Boden werfen, oder mit Füssen darauf tretten,
bis sie auffspringet. So man eine aufschneidet,
so hat sie einen Geschmack, wie ein fauler
Zwiebel, oder Knoblauch. Inwendig seynd
grosse Kerne, und um den Kern hat es eine
süsse, liebliche und wohlschmeckende weisse
Sulz, und kommt im Essen einem nicht mehr
stinkend vor; dann sobald man dieselbe nur
einmahl gekostet hat, scheinet es, daß es die
beste und süßeste unter allen Speisen seye. Ja
diese Frucht wird von Lecker-Mäulern so hoch
geachtet, daß sie gänzlich davor halten, es
könne sich niemand satt daran essen. Sie
wird unter die allergesundeste und heilsamste
Früchte gezehlet, ist warm und feucht, treibt
auf den Schweiß und auf den Urin, löset
die Winde, und solle eine grosse Kraft haben,
die Geilheit zu reizen; dahero es die Weibsbilder gar gerne sehen, wann ihre Männer davon essen, weil sie ihnen die Natur ziemlich
stärkt, und sie solche des Nachts wohl bedienen können   Ferner

(*) Schulz in seiner Ostindischen Reisebeschreibung, fol.
3ten Band, Seite 236. nennet diese Früchte Duriones.
Vielleicht sind dieses die Dudaim der Alten, davon
1. Buch Mos. XXX, 14-16.

Ferner hat es auch Waſſer-Limonien; ſind
gleich einer Kürbſen, wachſen auch alſo auf
dem Boden, nur daß ſie innwendig ganz roth
ſind, und ſchwarze Kerne haben. Sie ſind
im Eſſen ganz ſüße, und dabey eißkalt, welches denen Reiſenden vortreflich zu ſtatten
kommt.

Nicht weniger hat es ſehr viele Piſang oder
Feigen, wie ſolche die Portugieſen nennen.
Der Stamm an ſich ſelbſt iſt kein Holz, ſondern iſt ganz weich zu ſchneiden. Sie mäſten
damit ihre Schweine. In Zeit von zwey
Jahren iſt er ganz aufgewachſen, und hat auch
zugleich zeitige Früchte, und wann er die erſte
getragen hat, ſo fänget er unten an zu faulen,
und fället um. Neben dem Stamm wachſen
aber ſchon wieder andere Zweige heraus; damit es, wann der erſte umfällt, gleich wieder
andere gebe. Der Baum hat auch keinen Aſt;
die Blätter ſeynd bey zehen Schuhe lang, und
dritthalb Schuhe breit; die Feigen ſind eines
Gräders dick, und ſieben oder acht Zolle lang,
haben eine Schelfe wie eine Rübe; das inn-
wendige iſt gleich einer teigen Zucker-Birn.

Es gibt auch daſelbſt das ganze Jahr durch
Trauben; ſie werden aber nicht ſo gut, als bey
uns. Ein Stock hat zeitige und unzeitige,
auch blühende Trauben; und ſo iſt es meiſtens
mit allen Früchten.

An Citronen, Pomeranzen, Oranien-
Aepfeln, und ſonſten noch vielen andern
Baum-

Baum-Früchten, die ich nicht alle beschreiben kan, ist auch kein Mangel. Aber Aepfel, Birn, Kirschen und dergleichen Früchten, die bey uns wachsen, gibt es nicht.

Der Capock, oder Baumwollen-Baum ist gleich einem welschen Nußbaum, hat aber weniges Laub. Die Baumwolle ist in drey-eckichten Schefen, die bey fünf oder sechs Zollen lang, und einer Hand dick sind; wann dieselben herunter fallen, springen sie vonein-ander, und wird die Wolle von denen armen Leuten gesammlet und verkauft.

In den Wäldern hat es auch Wunder-grosse Bäume, welche zum Bauen und Schiffen können gebraucht werden; die werden Kåvad-ten-Holz genannt.

So hat es auch Campher-Bäume, da von dem Stamm Kåsten und Druchen gemacht werden. Diese Kåsten seynd gut vor die Kleider, weil ihnen, wegen dem starken Ge-ruch des Holzes, kein Schaden durch die Motten oder Schaben zugefügt wird. Von den Blättern (*) wird der Campher gemacht.

Sassafraß-Bäume hat es auch sehr grosse; ich habe das Holz davon öfters zum verbren-nen gebraucht; es werden auch Kåsten von die-sem Holz gemacht.

Sie

(*) Nein! der Campher rinnet, als ein Harz, aus dem Stamm der Bäume, besonders wann sie geritzet werden.

Sie haben auch Eben-Holz, welches wegen
seiner natürlichen Schwärze bekannt ist. Es
hat auch vieles Fleisch-Holz, welches ganz roth
aussiehet; auch Amboinisch-Holz, das ganz
braun ist, und das Zermoni-Holz, welches
allerhand Farben hat, das kein Mahler
schöner mahlen kan. Dieses Holz wird nach
Holland gebracht, und Pfund-weiß theuer
verkauft.

Von wilden Thieren gibt es eine grosse
Menge. Wilde Schweine findet man sehr
viele, weil sie, nach ihren Glaubens-Articuln,
keine essen dörfen. Sie schiessen solche wohl,
und verkaufen das Fleisch um ein geringes
Geld an die Christen. Wir hatten zwar wohl
freye Jagd; jedoch wird keinem erlaubt, über
drey oder vier Stunden von der Stadt zu
gehen. Wann nun einer weiter geht, so
bringen ihn die Innwohner gefänglich in die
Stadt, und diese bekommen vor den Mann
zehen Thaler. Sodann wird dieser als ein
Deserteur abgestraft, muß ein halbes Jahr
in der Kette lauffen, und werden allemal ihrer
zwey an einer zehen Schuhe langen Kette zusammen geschlossen, welche hernach Sonn-
und Werktags Holz hauen und spalten müssen. Ferners hat es auch viele Hirsche, diese
seynd aber nicht so groß, als die hier zu Land.
So gibt es auch Steinböcke und Hasen;
doch aber eine andere und kleinere Art als bey
uns.

Ferners

Ferners hat es viele Tigerthiere; sie thun Menschen und Viehe Schaden, und sind sonderheitlich denen Hirschen und Hunden sehr gefähr. Sie seynd in der Grösse eines Esels, haben gelbe, schwarze und weisse Flecken; sind eine rechte Katzen-Art.

Man findet auch daselbst Leyrer, oder Faullenzer; (*) dieses Thier hat die Gestalt und Grösse eines mittelmässigen Affen, ist ganz mager, siehet sehr förchtig mit den Augen drein, und ist in allem seinen Thun, im Essen und Trinken, im Gehen und Steigen sehr faul und über alle Massen langsam. Obgleich andere Thiere und Hunde ihm nachlauffen, so setzet es doch keinen Fuß desto schneller fort, sondern, wann sie recht nahe zu ihm

(*) Das sogenannte Faulthier wird von andern Sloth, von den Mohren Potto, von denen Lateinern aber mit seinem eigentlichen Namen Ignavus belegt. Es nähret sich von Waldfrüchten und Blättern, und verläset nicht leicht eher einen Baum, als bis alle Blätter abgefressen sind; sind aber Früchten darauf, so wirft es solche herab, rollet sich wie eine Kugel zusammen, und plumpt gerade herunter, nur daß es nicht von dem Baum steigen darf. Sind die Früchten alle, und es muß zu einem weitentlegenen Baum, so wird es, wegen seiner Langsamkeit, und da es wenigstens 8. bis 9 Minuten gebrauchet, um nur einen Fuß 3. Zoll weit fortzusetzen, oft unterwegs so mager, daß man es sich kaum vorstellen kan, und stirbt wohl gar Hungers, wann es nicht ohngefehr etwas zu fressen antrifft. Auch Schläge können keine stärkere Bewegung bey ihme zuwege bringen. Bey einem jeden Schritt schreyet es 5. bis 6. mahl auf die gräßlichste Art, und eben so oft, wann es ausruhen will.

ihm kommen, kehrt er ſich ganz gemach um,
und machet ſie mit ſeinen förchtigen Augen
und Geſicht wieder abwendig. Sie werden
aber nur vor eine Seltenheit in der Stadt
aufbehalten, und gibt es ihrer nicht viele.

Affen hat es hier im Ueberfluß. Sie ſprin-
gen in den Wäldern auf den Bäumen hin
und wieder, und haben ein groſſes Geſchrey.
Ihre Jungen hangen an ihnen, und verlaſſen
ſie nicht, obſchon die Alte geſchoſſen wird,
daß ſie von dem Baum fällt. Alsdann werden
die Jungen von ihnen abgenommen, und
weggeſchlaift. Ich habe auch öffters mein
Vergnügen an ihnen gehabt, da ich auf der
Jagd war. Als ich einſtens einen geſchoſſen,
daß ihme das Eingeweid heraus gehangen,
haſpelte und zoge er ſo lange an ſeinem Gedärm
aus dem Leib, bis er herunter gefallen. Und
ſo machen es die meiſte. Dieſe Beſtien thun
in denen Gärten und Feldern, beſonders in
denen Zucker- und Reiß-Plantagen vielen
Schaden.

Es gibt auch noch eine andere Art von
Affen; man nennt ſie Pavianen, ſeynd in der
Gröſſe, wann ſie aufrecht ſtehen, als ein Kind
von zehen Jahren. Sie haben des Nachts
ein groſſes Geſchrey. Ich habe auch öffters
gehört, daß ſie den Innwohnern ihre Kinder
weggenommen, und in den Wald geſchlaift
haben. Denen Weibsbildern ſind ſie ſehr
gefähr, wann ſie eine überraſchen können;
dann ſie ſind ſehr geil. Es

Es hat noch eine dritte Art Affen; man heißt sie Orang=Outang, auf teutsch Busch= oder Wald=Menschen. Sie seynd auch in obiger Grösse. (*) Ich habe aber von diesen nur einen in des Generals Menagerie oder Thiergarten gesehen, woselbsten aller= hand Thiere, nemlich, Tiger, Löwen, Ele= phanten, Nasenhorn, zerschiedene Affen= Geschlechte, schöne Hirsche und allerhand Geflügel zur Seltenheit aufbehalten werden. Wann diese Buschmenschen gekleidet wären, so wären sie den alten Chinesern, die einen grauen Bart haben, nicht viel ungleich. Eben dasjenige von diesen Thieren, welches ich gesehen, war ein Weiblein. Es hatte Brüste, gleich einer Weibs=Person. So es jemand betrachtete, hielt es die Hand vor die Scham, als wann es sich schämte; sie seynd aber an dem ganzen Leib haarig. Et= liche sind der närrischen Meynung: sie stam= men von den Menschen her, weil es schon öfters geschehen ist, daß die schwarze Frau= ens=Personen von den Affen oder Pavianen sind überfallen worden, wovon diese Art herkommen solle. Ferners gibt es auch in diesem Lande Rhinoceros oder Nasenhorn, die ein Horn auf der Nasen, eines Schuhes lang, und wohl einer Spannen dick, haben.

E Es

Es

(*) Halle in seiner Naturgeschichte der Thiere, 1tem Band, S. 550. sagt von ihnen: Sie seyen so stark, daß sie sich von 10. Menschen losreißen sollen.

Es weichet niemand aus, was ihm auch vor-
kommt, sondern gehet seinen geraden Weg
fort; ist so groß als ein Elephant, und hat
eine grobe Haut, wie eine eichene Rinde.

Crocodile gibt es auch sehr viele, welche
sich theils auf dem Lande, theils aber in denen Wassern aufhalten, wo die Menschen
sich baden und waschen, oder andere Arbeit
verrichten wollen. In der Stadt ist man
sicher vor ihnen, weilen die Revieren oder
Flüsse überall mit Rechen verwahret sind;
aber ausserhalb derselben hat man sich wohl
in Obacht zu nehmen, daß man dem Unthier
nicht zu Theil wird. Es verschlinget Menschen und Viehe, wann es Hunger hat; lässet sich auch oft sehen und schwimmet oben
auf dem Wasser am hellen Tage, wie ein
grosser Eichbaum. Des Nachts gehet es
aus dem Wasser an das Land, und suchet
seine Speise. Dahero die Einwohner, welche nur einzeln auf dem Lande herum ihre
Häuser haben, sich genöthiget sehen, wegen
diesen und andern Raubthieren solche nur
auf vier Pfosten zu setzen. Des Tages steigen sie an einer Leiter hinauf, und des Nachts
ziehen sie solche zu sich, und beschützen sich
auf diese Art vor ihren Feinden, besonders
vor dem Crocodil. Diese Thiere legen ihre
Eyer, welche noch so groß als ein Gans-Ey
sind, in den Sand, und lassen sie durch die
Sonne ausbrüten. Sie legen auf einmal

60. bis 70. derſelben. Wann die Jungen
ausgebrütet ſeynd , und ſolche aus denen
Eyern ſchlupfen , ſeynd ſie einer halben Ehlen
lang; wachſen fort, ſo lange ſie leben, werden 25 bis 30 Schuhe lang , und 100 bis
200 Jahre alt. Sie haben Schuppen auf
dem Rucken, und einen groſſen Rachen mit
ſpitzigen Zähnen. Dieſes Thier ſiehet einer
Eidexe gleich. In dem Waſſer oder Moraſt
kan man ihnen nicht entrinnen; auf dem Land
aber, wann man es beobachtet, und nimmt
einen krummen Weg, hin und her, (Zic
Zac) können ſie einen nicht erhaſchen, weil
ihr ganzer Körper gar lang iſt, und ſie ſich
nicht ſchnell herum lenken können.

Ferners gibt es auch Leguanen , ſo auch
den Crocodilen gleich ſehen; ſind aber nur 5
oder 6 Schuhe lang. Das Fleiſch davon iſt
gut zu eſſen.

So gibt es auch wilde Katzen und wilde
Pferde; auch Scorpionen, in der Gröſſe einer Spinne; es haben auch einige die Gröſſe
eines Krebſes. Doch müſſen ſie nicht ſo gif-
tig , als in andern Ländern ſeyn; dann ich
bin ſelbſten in meiner Werkſtatt oft von einigen geſtochen worden , und iſt mir ſolches
mehr nicht geſchwollen , als ob es von einer
Biene geſchehen wäre.

Es hat auch Thierlein einer Spannen
lang, die wohl hundert Füſſe haben. Man
nennet ſie Tauſendbeine , ſehen von vielem

E 2　　　　　Gift

Gift blau und gelb; wen sie mit ihren Zangen klemmen, der hat grosse Schmerzen.

Ameisen gibt es vielerley, insonderheit der weissen. Sie durchbohren Truchen und Kästen, zerfressen die Kleider, ja so gar das Eisen. Wann diese in einem Haus überhand nehmen, so sind sie im Stande, das ganze Haus zu verderben. Man kan die Speisen anderst nicht vor ihnen verwahren, als daß man solche in einen Kasten oder Schrank verschliesse, welcher 4 Füsse hat, die in eben so vielen ausgehauenen und mit Wasser angefüllten steinernen Trögen stehen. Von Mücken und kleinen Schnacken fliegt es ungemein voll, und werden die Menschen von ihnen sehr geplagt; besonders diejenige, welche erst aus Holland kommen. Wo sie dieselbigen hinstechen, so gibt es gemeiniglich Blattern und Löcher. Denen aber, die ein Jahr oder mehr im Lande seyn, thun sie nichts mehr.

Es hat auch noch ein Thierlein, das nicht grösser, als eine grosse Eider ist, Chamäleon genannt. Man benamset sie im Lande insgemein nur Gekof, weil sie oft mit einer lauten Stimme Gekof schreyen. Sie essen nichts, sondern leben, der Sage nach, von der Luft; können sich in einer Viertelstunde in viererley Farben verändern, entweder wann sie traurig seynd, oder wieder Freude haben; oder so sie eine Farbe ansichtig werden, so

nehmen

n:hmen sie dieselbe an, seynd aber die giftig=
ste Thierlein, die nur gefunden werden
können.

Es hat auch vielerley Schlangen daselb=
sten. Die Wasser=Schlangen seynd eines
Arms dick, und anderthalb Klafter lang.
Wann sie in das Wasser gehen, sollen sie
das Gift ablegen. Wann nun die Einwoh=
ner eine in dem Wasser bekommen können,
fangen sie selbige, und halten sie vor das be=
ste Fleisch zu essen. In der Stadt habe ich
auch welche gesehen, die eines Mannsschen=
kel dick waren. An dem blauen Berg, oder
an dem Berg Badang, welcher von der
Stadt aus kan gesehen werden, halten sich
viele derselben von ziemlicher Grösse auf.
Erwehnter Berg solle sehr goldreich seyn; es
wird auch von den Chinesern und Javanen
vieles Gold daselbst gefunden. In der Zeit,
da ich auf Batavia kam, wurden viele unse=
rer Soldaten dahin gesandt, um dieses, de=
nen meisten Menschen so angenehme Metall,
zu graben. Sie funden aber nicht so viel,
daß sie die Unkosten davon hätten bezahlen
können, und mußten sie nach zweyen Jah=
ren wieder nach Batavia; es meynten aber
viele, daß niemand dabey gewesen, der so
viel Verstand von der Sache gehabt, als
die Heyden.

Diese Leute erzehlten öfters: wie sie
Schlangen gesehen hätten, die so dick, als

ein

ein Eichbaum, wären, und die, wegen ihrer
übernatürlichen Grösse, nimmer von dem
Platz kommen könnten; diese sollen sich allei-
-ne von der Erden ernähren. Es gibt auch
einige, die nur eines Klafters lang seynd,
diese haben aber sehr vieles Gift bey sich;
seynd absonderlich denen Menschen sehr gefähr. Wann sie erzürnet werden, richten
sie sich ganz auf.

Sodann gibt es eine Art, welche nicht dicker, als ein kleiner Finger, aber auch eines
Klafters lang sind. Diese sehen grasgrün
aus, fressen aber nichts, als Laub, und thun
sonst niemand nichts.

Es findet sich auch noch eine andere Art;
diese halten sich auf denen Bäumen auf, seynd
auch von einer Klafters-Länge, in der Dicke
einer Bratwurst, und haben an dem Schwanz
einen Widerhacken. Wann nun etwas vorbey gehet, es seyen Menschen oder Vieh, so
schiessen sie von denen Bäumen auf dieselbe
herunter, schlagen und wenden sich um den
Leib, daß der Schwanz und der Kopf geschlossen werden. Wer nun kein Messer bey
sich hat, um dieselben von einander und loß
zu schneiden, der hat genug zu thun, wann
er sein Leben davon bringen will.

Es gibt auch noch eine besondere Art, die
man Saugers nennet. Diese seynd so dick,
als eines Mannes Schenkel, und nur eines
Klafters lang. Sie halten sich gerne auf,
wo

wo es Hüner und Enten gibt. Zu dieſen
ſchleichen ſie ſich ganz nahe hin, halten ſich
ruhig, bis ſie ihren Vortheil erſehen, ſolche
überfallen, und ſodann verzehren können.
Der gemeinen Sage nach ſollen ſie das Geflügel mit ihrem Athem an ſich ziehen können:
Dieſe Art wird von vielen Leuten gegeſſen.

Unter denen Javanern gibt es gewiſſe Zauberer oder Schlangen-Banner, die um ein
Stück Geldes viele hundert derſelben auf einen Platz bringen, ihnen mit einem Pfeiſlein,
das aus dem Rückgrad einer Schlange gemacht ſeyn ſolle, locken, und ſie aufrecht tanzen laſſen. Die Singuleſen, deren ſich auch
einige zu Batavia befinden, eſſen von keiner
Schlange nichts, weil ſie ſolche vor ihre
Götter, ihre Teufelsbeſchwörer aber vor
Heilige halten. Wollen ſie nun ihren Got-
tesdienſt verrichten, ſo ſetzen ſie einen gewiſ-
ſen Tag darzu an, nehmen ihren Zauberer
mit ſich unter einen Baum, welcher unten
und oben Wurzeln hat. (*) Alsdann be-
ſchwö-

E 4

(*) Iſt vermutblich ein ausgegrabener, und zu unterſt
über ſich gekehrter Baum, deſſen Wurzeln über ſich in
die Luft, die Zweige aber unter ſich in die Erde geſetzt
werden, da dann die Zweige ausſchlagen und Wurzeln
treiben, die Wurzeln aber zu Zweigen werden, und
Früchten gewinnen ſollen. Dieſer Verſuch gründet
ſich auf des groſſen Philoſophi Hermetis Trismegiſti bekannten allgemeinen Lehrſatz: Quod eſt ſuperius, eſt
ſicut id, iquod eſt inferius, auf deutſch: Dasjenige,

schwöret der Zauberer eine Schlange aus
oder auf den Baum, welches wie viele ver-
nünftige Leute dafür halten, wohl gar der
Teufel selbsten seyn mag, der ihnen öfters
unter allerhand Gestalten erscheinet, um seine arme Sclaven in ihrer Blindheit zu be-
stärken. So bald sie solche zu sehen bekommen, fallen sie auf die Erde, beten dieselbe
an, und halten sie vor ihren Gott. Es wird
aber dieses zu Batavia von ihnen nicht gelitten, sondern nur in ihrem Land.

In und ausserhalb Batavia halten sich
allerhand Nationen auf, nemlich: Javaner,
als des Landes Innwohner, Chineser, Bo-
renesen, Amboinesen, Macassaren, Tarnatanen, Singulesen, Balier, Bengaler, Malabaren, Mohren, Malleier, und noch viele
andere Nationen.

Bald hätte ich das zahme Viehe und Geflügel vergessen, welches man daselbsten findet. Ich werde von diesem vorhero kürzlich
Er-

so oben ist, ist eben also beschaffen, wie dasjenige,
so unten ist. Wir lassen die Möglichkeit der Sache
an ihren Ort gestellet seyn, weilen wir noch keine Ver-
suche damit anzustellen, Gelegenheit gehabt haben.
Wenigstens behauptet solche der ehemalige Med. Doct.
und Phys. ord. in Regensburg Herr Georg Andr. Agri-
cola, in seinem Ao. 1716. herausgegebenen Versuch der
Universal-Vermehrung aller Bäume, Stauden-und
Blumen-Gewächse, in folio, und stellet dieselbe auf der
9ten Kupfer-Tafel des 1sten Theils, S. 146. sehr ar-
tig vor.

Erwehnung thun, mich ſodann wieder zu
denen Landes-Einwohnern wenden, und
dieſelben etwas weitläuftiger betrachten.

Es gibt daſelbſt viele Ochſen und Kühe
mit groſſen Fleiſch-Gewächſen auf dem Rücken, die mit langen Haaren bewachſen ſind;
ſie laufen das ganze Jahr auf der Waide.
Die Kühe geben aber wenige Milch, weilen
die Waide allzuſchlecht, und wegen der groſſen Hitze ganz ausgedörret iſt; das Fleiſch iſt
auch dahero gar mager. Es hat auch daſelbſten Büffel-Ochſen und Kühe. Die
Bauren gebrauchen ſie zu Pflanzung des Rei-
ſes und des Zuckers. Dieſe haben auch einen groſſen Rücken, und überhaupt wenige
Haare, aber Ehlen-lange Hörner; ſie ſtehen,
wann ſie nicht arbeiten, bey Tage in dem
Waſſer, um ſich abzukühlen, und ſtrecken
nichts als den Kopf heraus; des Nachts gehen ſie auf die Waide.

Die Pferde ſind nicht ſo groß, als in
Teutſchland; es wird auch keines beſchlagen,
und werden ſolche meiſtens wild gefangen,
auch, wie leicht zu erachten, mit vieler Mühe
zahm gemacht.

Es befinden ſich auch Schafe allhier; ſie
kommen aber aus Perſien und Africa. Die
Perſianiſche haben Wolle, wie die teutſche;
aber Schwänze, deren einer zwanzig, fünf
und zwanzig, bis dreißig Pfunde wigt; wann
er allzuſchwer, wird ihnen ein Kärchlein ge-

E 5   macht,

macht, der Schwanz darauf gebunden, und
müssen sie sodann das Kärchlein nachschleif-
sen; zuweilen wird ihnen auch der Schwanz
aufgeschnitten, und 10 bis 15 Pfund Fett
heraus genommen. An Geißböcken und
Schweinen mangelt es auch nicht.

Von Geflügeln ist hier alles im Ueberfluß.
Pfauen gibt es schneeweisse, und auch ge-
farbte; sie fliegen in denen Wäldern auf denen grösten Bäumen hin und wieder. Der
Casuar oder Emeu, welchen die Javaner
Cassoware oder Emé nennen, ist ein grosser
Vogel, fünf einen halben Schuh hoch), hat
einen kurzen Schnabel, keine Federn, sondern grosse Haare und Borsten, wie ein
Schwein, keine eigentliche Flügel, sondern
mehr mit langen Borsten bewachsene Zapfen,
nur 3 vordere, hinten aber gar keinen Zehen,
und eine Stimme, wie ein junges Gänslein.
Der Hals ist mit einem fleischfarben Ge-
wächs, von verschiedenen Farben, wie bey
den welschen Hahnen, gezieret, und auf dem
Kopf hat er eine Art von einem Horn, welches einer Bischoffsmütze gleichet.

Fledermäuse hat es zweyerley, nemlich kleine, wie in Teutschland; es hat aber auch
grosse, wie eine mittelmäßige Gans. Die
letztere Gattung ist eigentlich die fliegende Katze. Auf ihre Grösse kan man einen Schluß
machen, weilen sie fast 2 Schuhe lang ist.
Sie hat eigentlich keine Flügel, wie die Fledermäuse,

ermäuse, sondern von dem Hals an ein über
die Füsse gewachsenes nnd ausgespanntes
Fell, mit dem sie flieget, und solches mit denen Füssen beweget. Dieses Fell ist fast einer Klafter breit. Ihr Kopf siehet nicht einer Katze, sondern mehr einem Marder gleich;
dahero man solche schicklicher den fliegenden
Marder benennen möchte. Sie fliegen,
wie die Fledermäuse, nur bey der Nacht,
fressen anders nichts als Cocusnüsse, und sauf-
fen auch die süsse Süre (*) davon; sie werden
von denen vornehmsten Herren gegessen. Es
hat auch wilde und zahme Hahnen und Hüner, Wasser-Hüner, Schnepfen, Ziemer,
Tauben, Raiger, Enten, Papagayen, Fal-
ken, Raben-Spatzen, Schwalben, Gänse,
und noch andere mehr.

Anlangend die Chineser, so seynd sie kluge Leute, groß, stark und ansehnlich von
Statur, haben eine braunlichte Farbe, schöne
lange schwarze Haare, tragen meistens einen
dreyfach zusammen geflochtenen Zopf, welcher
bald bis auf den Boden hänget; theils haben
die Haare auch sauber mit einer goldenen
Haarnadel aufgemacht, wie hier zu Land eine Braut. Sie treiben ihre gröste Hoffart
mit dem Haar, tragen auch nichts auf
dem Haupt, sondern gehen alle unbedeckt.
Ihre Kleidung ist schlecht, und gehet der Rei-

che

(*) Was Süre seye, haben wir bereits S. 52. in der Anmerkung berichtet.

che wie der Arme daher. Sie tragen kein
Hemd, haben aber ein dünnes Camisol, das
entweder leinen, oder von Mousselin, theils
auch von Seiden, ganz weit, und ohne Form
ist. Sie bedienen sich ganz weiter Hosen,
leinener Strümpfe und schlechter Schuhe,
ohne Schnallen. Sie lassen sich grosse lange
Bärte wachsen, treiben meistens alle Hand-
werker, und lernen alles nach, was ihre Augen sehen; nur können sie kein Pulver und
Gewehr machen. Es seynd auch unter ihnen
reiche Kaufleute, Aerzte, Apothecker und
Barbierer; aber alle sind nur so viel, als
Beisitzer unter denen Holländern, und müssen alle Monate ihren gewissen Tribut geben; hernach können sie handlen und arbeiten, was sie wollen. Sie reden alle zwey
oder dreyerley Sprachen, nemlich Hollän-
disch, Mallaisch, und ihre eigene Landes-
Sprache, welche, da solche sehr schwer, niemalen kein Ausländer vollkommen zu erler-
nen, im Stande ist.

Es seynd wenig Verheyrathete unter ihnen; doch zeugen sie viele Kinder, weil sie
viel eigene Huren haben, die sie kaufen, und
theils auch im Versatz haben.

Von der Javaner ihren Töchtern, nemlich von denen, welche eigene Weiber haben,
bekommen die Christen keine zu sehen. Hier
habe ich auch noch anzumerken, daß ich von
denen Chinesern keine Tochter gesehen, mithin

hin muthmasset man, (jedoch vielleicht ohne
Grund,) sie möchten solche bey der Geburt
ums Leben bringen, wiewohl sie solches heimlich practiciren müßten.

Wann sie Hochzeit halten wollen, wird die
Braut lange Zeit vor der Hochzeit von alten
Weibern in einer verschlossenen Kammer ver-
wachet.   Wann nun der Hochzeittag ange-
stellet ist, kommt der Bräutigam mit dem
Priester, und seinen nächsten Freunden, in
das Haus.   Alsdann wird die Braut mit
verdecktem Gesichte dem Bräutigam von den
alten Weibern vorgeführet, und von ihme
bewillkommet.   Dann geht die Braut wieder
in die Kammer, und setzt sich auf einen Stuhl.
Der Bräutigam mit dem Priester, und seinen Freunden, setzen sich auch nieder, und
halten da eine gewisse Ceremonie mit Essen
und Trinken; was sie aber dazu reden, habe
ich nicht verstanden.   Wann nun das vorbey
ist, wird der Bräutigam durch den Priester
zu der Braut geführet, und zu derselben
auf einen Stuhl gesetzt; es darf aber keines
mit dem andern reden.   Diesen ganzen Tag
stehet das Brautbett neben ihnen, das wohl
gezieret, und mit Blumen und allerhand
Bändern geschmücket ist.   Darinnen darfen
sie aber nicht schlafen, sondern neben dem
Brautbett ligt auf dem Boden eine zusam-
mengeflochtene Matte, und ein weisses Tuch
darauf ausgebreitet, worauf sie die erste
Nacht

Nacht liegen. Der Bräutigam muß die
Freunde und Fremde acht Tage lang bewir-
then. Vom Tanzen wissen sie nichts; was
aber reiche Leute seynd, die ziehen die acht
Tage lang, als die Hochzeit währet, alle
Tage mit grossem Pracht und vielen fliegenden
Fahnen, Pferden und Musicanten in ihren
Tempel, und essen und trinken darinnen.
Ihre Kinder lassen sie weder beschneiden, noch
taufen.

Was ihren Glauben anbelangt, so stecken
sie dißfalls in einer erbärmlichen Blindheit,
und halten mehr auf den Teufel, als auf den
allmächtigen grossen GOtt. Dann sie sagen:
GOtt sey ein guter Mann; Er regiere im
Himmel, und thue niemand nichts Böses;
also seye es auch nicht nöthig, ihn anzubeten,
oder ihme Opfer zu bringen. Den Teufel
aber, weil er ein böser Geist seye, müßten sie
ehren, und ihme Opfer bringen, daß er ihnen nichts böses thue. Sie glauben auch: es
komme Glück und Unglück von dem Teufel.

Es hat auch ein jeder seinen Fürsprecher
oder Patronen in seinem Haus; theils haben
sie einen von Holz gemachten, theils von
Porcellain, theils von Silber oder Gold.
Diesen halten sie in grossen Ehren, und nennen ihn Josge. So bald man in ihr Haus
kommt, siehet man gleich solches Götzenbild
auf einem Thron sitzen, wobey täglich zwey
brennende Wachskerzen stehen; Arme Leute
haben

haben nur eine Lampe dabey brennen. Sie
bringen diesem Götzen Brand-Speiß- und
Rauch-Opfer. Zum Speiß-Opfer bringen
sie ihme allerhand Früchten, gesottenes und
gebratenes; er isset aber, wie leicht zu erachten, nichts davon. Zum Rauch-Opfer bringen sie oder stellen ihme für wohlriechende
Rauchkerzen. Zum Brand-Opfer nehmen
sie vieles vergüldet- und versilbertes Papier;
dieses schütten sie vor ihrer Haus-Thüre auf
einen grossen Haufen, und verbrennen es
mit Feuer.

Sie seynd greuliche Sodomiter, und gilt
es ihnen gleich, ob sie bey einem Vieh oder
Weibsbild schlafen; und ob sie schon darob
gesehen werden, so werden sie doch von denen
Holländern nicht darum abgestraft, weil es
in ihren Glaubens-Articuln nicht verbotten ist.
Doch ist denen Christen bey hoher Strafe verbotten, nicht über Nacht bey ihnen zu bleiben,
damit sie nicht auch zur Sodomiterey angerei-
zet werden.

Ihr Neujahr halten sie einen Monath lang;
sonsten haben sie weder Sonn- noch Feyertage.
Wollen sie heilig seyn und ihren Gottesdienst
halten, welches sie Weiang nennen, so legen
ihrer etliche Geld zusammen, schlagen auf
der Gasse ein Theater auf; alsdann kommen
des Nachts sechs oder sieben junge Mägdlein,
welche aber noch bey keinem Mann geschlafen
haben, auf den Schauplatz, und spielen die
ganze

ganze Nacht eine Comödie von alten Historien, wie ihre alte Kaiser und Könige gelebt, und welche Thaten sie gethan haben. Wann eine Historie aus ist, so kleiden sie sich wieder auf eine andere Art, und fangen eine neue an. Wo eine solche Weiang oder Comödie gehalten wird, laufen fast alle Chineser hin, und bleiben die ganze Nacht dabey, und halten es vor ein grosses Heiliathum; es stehen auch viele Spieltische herum, wo man sich mit Würfeln und andern Spielen ein Vergnügen machen kan. Es gibt auch allerhand Früchten, Kost und Trank dabey zu verkaufen. Die Europäer oder Christen, gehen des Nachts mit dem schwarzen Frauenzimmer dahin spazieren, warten ihnen mit Essen und Trinken auf, und suchen sie durch allerhand Spiele zu vergnügen. Wollen sie sonsten ihre Lust mit ihnen büssen, so wird es ihnen auch nicht abgeschlagen. Aus solchem eingebildeten Heiligthum folget nun also ein grosses Laster-Leben. Die Chineser, die solche Weiang halten, müssen vor jede Nacht zehen Thaler an die Holländer bezahlen, damit sie die Erlaubniß hierzu bekommen. Sie vergessen dabey auch ihren Abgott nicht, sondern geben ihme Essen, Trinken und Opfer, alles vollauf.

So lange die Weiang währet, haben sie, wann sie essen, auf dem Tisch ein sauber gemahltes viereckigtes hölzernes Täfelein, darauf wohl bey 20. oder 30. kleine porcellainene
Schälein

Schälein stehen, und in jedem eine besondere Kost, welches aber alles kalt, und mit scharfer Specerey gewürzet oder eingemacht seyn muß; Darneben stehet eine Schüssel mit Reiß, davon ein jeder ein kleines Schüsselein voll herausnimmt, und solches unter den Mund hält; Darzu haben sie statt Löffel, Messer und Gabeln, zwey helfenbeinene Stecken, einer halben Ehlen lang, mit welchen sie von der Kost, wo es ihnen beliebt, ein wenig nehmen, und stoppen auch den Reiß mit in den Mund.

Unter der Mahlzeit trinken sie oft einen Schluck Brantewein, und halten dieses vor gesund; wie sie denn auch meistens gesunde und starke Leute seynd, und oft 100 bis 150 Jahre alt werden. Nach dem Essen rauchen sie durch ein langes hölzernes Rohr Affion, (welches eine Art eines über die massen starken Tabacks seyn mag, und überaus schläfrig machen solle;) sie thun aber nur ein paar Züge davon, sonsten werden sie ganz toll, wann sie viel davon rauchen.

Wann einer krank wird, so lassen sie ihren Priester rufen; so bald der in das Haus kommt, machet er viele Ceremonien und Complimenten vor dem Götzenbild, und betet es an. Wann das vorbey ist, gehet er in dem ganzen Haus herum mit einem grossen Stock, schlägt damit in alle Ecke und Winkel desselben, und machet einen grossen

F   Tumult

Tumult und Geschrey, als wolte er den Teufel, der den Kranken so plaget, damit aus
dem Haus treiben. Wann nun der Kranke
gestorben ist, legen sie ihne auf eine Schran-
ne oder Brett, und waschen ihne sauber mit
Wasser ab; hernach legen sie ihme seine beste
Kleider an, nehmen ein grosses Stück Leinwand, schneiden dieselbe in Viertel-Ehlen
breite lange Stücke, drehen dieselbe zusammen
als wie einen Strick oder Seil, umbinden den
Toden damit, von den Fussohlen an bis über
das Haupt, und das so hart, daß wann es
einmal um den Leib geschlagen ist, allezeit
zwey Personen daran ziehen. Alsdann wird
eine saubere, und dick von Holz gemachte
Bahr gebracht, woran wohl vier Personen
leer zu tragen haben; diese wird mit dem
vergoldeten Papier, mit welchem sie sonsten
ihren Götzen die Brandopfer zu leisten pflegen, halb angefüllet, und ein Stück Cotton
darauf ausgebreitet; alsdann schreien sie dem
Toden in die Ohren, befehlen ihme einen
Gruß an ihre alt-verstorbene Freunde, legen
ihn in die Bahr, und geben ihme ein Stück
Geld unter den Kopf, damit er auf der Reise
auch etwas zu zehren habe. Sodann wird
die Bahr mit dem vergoldeten Papier voll
gefüllt und hernach zugeschraubt. Es kommen auch Frauensleute darzu, die besonders
darzu bestellet und unterrichtet sind, daß sie
um den Lohn heulen, und das alle Stunden,

welches

welches jedesmal etwan 15 Minuten lange
dauren mag; wobey sie den Toden fragen:
warum er dann gestorben seye? was ihme doch
gemangelt habe? er solle es nur sagen; die
Toden aber, wie leicht zu erachten, schwei-
gen stille, wie ihre dumme Götzen. Wann sie
einen Toden begraben, haben sie zwey lange
Stangen, daran Stricke überzwerch gebunden sind, worauf die Bahr geleget wird.
Daran tragen zehen bis zwölf Personen,
und schleiffen sie die Bahr fast auf dem Boden, weilen solche auf denen Stricken zwischen obigen Stangen sehr niedrig hanget.
Es gehen ihrer viele mit der Leiche. Ihren
Kirchhof haben sie eine Stunde weit von der
Stadt, und hält solcher wohl eine halbe
Stunde im Umfang. Ihre Gräber werden
sauber ausgemaurt, und wann sie den Toden
darein gelegt haben, so machen sie das Grab
zu mit Steinen und Kalk; welcher Kalk,
wann er trocken, noch härter ist, als die Steine selbst. (*) Oben auf dem Grab wird eine
saubere Zierad oder Grabmal aufgebauet,
und vor demselben wird ein reiner Platz gemacht, wo sie öfters ihren Verstorbenen Essen und Trinken hinstellen: solche Speise wird
manchmalen durch die holländische Soldaten

F 2 und

(*) Die Chineser müssen also das Geheimniß besitzen, einen dauerhaften Mörtel oder Mauer-Speiß zu machen.
Sollten wir ihnen nicht unsre Maurer in die Lehre
schicken?

und Matrosen, die ihr Kostgeld verspielt,
oder sonsten durchgebracht haben, aufgeges-
sen.

Die Singulesen seynd wohlformirte Leute,
theils schwarz, theils gelbe. Die Männer
haben lange glatte Haare und grosse Bärte,
kleiden sich mit einem Stücklein Leinwand
um die Mitte des Leibes, von dem Nabel
an, bis auf die Knie; die Weibs-Personen
darfen sich mit einem Stücklein Ziz oder Cotton, von dem Nabel an, bis auf den Boden,
und mit einem sogenannten Goller, das von
dem Hals an, bis unter die Brüste gehet,
bedecken; den Bauch aber müssen sie einer
Hand breit blos lassen. Was schlechten Her-
kommens ist, nemlich Taglöhner, Wäsche-
rinnen, oder die um Geld etwas hin und
wieder tragen, dieser ihre Kinder darfen nicht
nur alleine nichts anders lernen oder treiben,
als was ihre Eltern auch gethan haben, sondern auch ihre Weiber darfen, bey Strafe
gegeisselt zu werden, den ganzen oberen Leib
nicht bedecken, sondern müssen solchen blos
tragen. Ihre Schriften seynd mit einem
Griffel nur aufs Laub gekratzet. Was ihre
Religion anbelangt, seynd sie denen Chinesern nicht ungleich, sagen auch: GOtt seye
im Himmel, und der Teufel auf der Erden;
darum sie auch den Teufel, nicht nur in ihrem
Tempel mit Opfern, sondern auch auf dem
Feld mit Anbeten, verehren. Wie sie durch
ihre

ihre Teufels-Banner eine Schlange aus oder
auf einen Baum beſchwören, und ſolche hernach anbeten, haben wir bereits oben (S.72.)
bey Gelegenheit der Schlangen, deutlich be-
ſchrieben, wohin wir den Leſer verwieſen haben wollen. Sie glauben eine Seelen-Wan-
derung, und wann ſie ſterben, vermeinen ſie,
ſie werden wieder lebendig, und verändern
ſich, oder fahren hernach in ein gutes oder
böſes Thier, darnach ſie gethan oder gelebet
haben.

Die Malabaren ſeynd wohlgeſtalltete Leute, ſchwarz, mit einem ganz krauſen Haar.
Ihre Kleider ſehen faſt wie der Singuleſen
ihre aus, und haben ſie einen verfluchten
Glauben. Etliche beten den Teufel alleine
und vollkommen an; etliche auch Kühe und
Katzen; in Summa, alles, was ihnen vor-
kommt, beten ſie an, und verehren es. Sie
eſſen kein Fleiſch, es ſeye auch von was es
wolle, weil ſie alles vor ihren Gott halten.
Ihre Toden laſſen ſie gleichfalls um den Lohn
beweinen, ſchreien und fragen ſie: warum
ſie geſtorben? ſie ſollen doch wieder lebendig
werden. Wann der Tode begraben iſt, verlaſſen ſie die Hütte, und bauen eine andere.
Ihre Weiber ſeynd mit ſilbernen Ringen an
den Füſſen gezieret; auch hängen ihre Ohren,
welche gleich nach der Geburt aufgeſchlitzt,
und einer Spannen lang werden, voll golde-
ner Ringe, welche ſie auch in Menge an ihre

Arme,

Arme, Finger und Zehen der Füsse, stecken.

Die Tarnatanen seynd denen Malabaren nicht viel ungleich. Sie verbrennen ihre Todten, und wo ein Mann stirbt, so muß das Weib sich mit verbrennen lassen. Wann der Mann gestorben, und nun solle verbrandt werden, so wird eine Grube gemacht, und viel Reisich-Holtz darein gethan, welches mit Oel besprißt wird. Darnach bekleidet sich das Weib mit ihren besten Kleidern, ziehet mit ihren Freunden und Musicanten, mit Jauchzen und Hüpfen, zu dem Feuer, und springet mit Freuden darein. Dieses ist nun unter ihnen vor ihre gantze Freundschaft eine besondere grosse Ehre; die solches nicht thun wollen, denen wird das Haar abge-schnitten, werden fortgejagt, und vor Huren gehalten, dürfen sich auch unter ihrer Nation nimmer sehen lassen; die Männer hingegen seynd von allen diesen Thorheiten frey.

Die Mohren sind gantz weiß in Cotton ge-kleidet, tragen einen Bund wie die Türken, und haben, nach ihrer Art, schöne schwartze Weiber, welche auch überall mit goldenen Ringen behänget sind. Sie bekennen sich theils zu dem mahometanischen Glauben, eh-ren GOtt, haben auch ihre Heilige, und tra-gen ein Pater Noster bey sich; seynd übrigens gehörsame und dienstfertige Leute.

Die Javaner, als die Einwohner dieser Insel, seynd meistens schwartz-gelbe Leute,

haben

haben von Leinwand, Baumwollen oder
Seiden, um die Mitte ihres Leibes, einen
kurzen Rock oder vielmehr Umhang; ſonſten
gehen ſie ganz blos, und zwar ſowohl Frauen-
als Manns-Leute. Sie tragen auch, wo
ſie hingehen, ein Gewehr mit ſich, das einem
Hirſchfänger gleichet, und in einer hölzernen
Scheide ſtecket. Dieſes hängen ſie auf den
Rücken. Sie halten die Beſchneidung, haben auch das alte Teſtament, ehren aber
Sonne und Mond. Sie verheurathen ihre
Töchtern wann ſie ſechs oder ſieben Jahre alt
ſeynd, und zwar aus der Urſache, damit der
Kaiſer oder König ſie nicht bekomme; weil
ein jeder Unterthan, wann er eine ſchöne
Tochter hat, ſolche dem Könige geben muß.
So ſie aber ſchon verheurathet ſeynd, ſo ver-
langt ſie der Kaiſer oder König nicht mehr.
Dieſe Könige haben öfters vier- bis fünfhun-
dert Weiber, die ſie bedienen; ſie haben aber
nur eine, die von einem königlichen Stamm
herkommt. Dieſe iſt ſeine rechte Gemahlin,
und zeuget thronfähige Prinzen. Was die
andern Weiber anlangt, ſo müſſen ſie dieſer
unterthänig ſeyn, und ihro aufwarten. Es
iſt unter ihnen eingeführet, daß bey dem Könige alle Nacht zehen bis zwanzig derſelben die
Wache halten, auch nach ſeinem Willen und
Begehren leben müſſen. Des Königs Be-
dienten oder Officier haben ihr Geſez, wie
viele Weiber ſie haben dörfen. Was arme

F 4   Leute

Leute sind, die versetzen oft ihre Söhne und
Töchtern bey den Chinesern oder Christen um
10. 15. oder 20. Thaler, und diese müssen
hernach Sclaven seyn, bis die Eltern das
Geld wieder bezahlen können. Saubere
Frauens-Personen haben es aber bey denen
Christen besser, als bey ihren Eltern, und
begehren nicht mehr zu ihnen. Ihre Woh-
nungen seynd nach Gelegenheit des Landes
gemacht, wie bey uns die Mayerhöfe; es stehen manchmalen 10. 20. bis 30. Häuser bey
einander, auch zum theil nur einzelne. Alle
befinden sich bey ihren Ländereien; aber sie
sind nur ganz schlecht, und stehen meistens auf
Säulen und Pfosten, damit sie des Nachts
vor den wilden Thieren sicher seyn mögen.
(s. S. 66.) Die Wandungen an ihren Hütten und Häusern seynd schlecht zusammen ge-
flochten, oder gegittert; die Dächer sind von
Laub, und können vier Personen ein ganzes
Haus davon tragen; sie haben nur ein Käm-
merlein, darinnen sie essen und schlafen, und
ein anderes, worinnen sie kochen. Ihre
Speise ist Reiß, den sie erstlich in einem hölzernen Trog stampfen, sauber waschen, und
im Wasser ganz trocken abkochen. Ihre Ne-
ben-Speisen seynd: allerley gesunde Kräuter,
Früchten und Wurzeln, auch gedörrte oder
ungedörrte Fische, welche sie mit vielem Spanischen Pfeffer ganz scharf zu würzen pflegen.
Ein jeder nimmt auf ein Stück grün Laub, oder
auf

auf ein Feigenblatt ſeinen Theil Reiß, daran
er von der gekochten Zuſpeiſe gieſſet, ſolches
durch einander menget, und mit der Hand
iſſet. Sie haben keine Tiſche, ſondern ho-
cken und ſitzen nur auf dem Boden, wann ſie
eſſen. Erſt nach dem Eſſen, nicht vor demſelben, waſchen ſie ihre Hände.

Wann Eheleute nicht mehr wohl miteinander leben, ſo theilen ſie die Güter, und alles
was ſie haben, und ziehen voneinander. Haben ſie kleine Kinder, ſo gehören die Knaben
dem Mann, und die Mägdlein dem Weib;
hernach können ſie wieder anderſt heurathen.
Ihre Weiber haben ſonſten viele Freyheiten,
und ſind unter ihnen faſt gemein, welches Um-
ſtandes ſich beſonders die Nairos oder Edelleute
zu bedienen pflegen. Wann ſie eines Kindes
geneſen, ſo wiſſen ſie oft ſelbſten nicht, wer
der eigentliche Vater dazu iſt. Es wird auch
nicht viel darnach gefragt, wann der Vater
bey der Tochter, und der Sohn bey der Mutter ſchläft. Der König von Bantam, welcher
eben ein König von den Javanern iſt, hat, wie
ich mich deſſen noch erinnere, ehedem ſeine eigene Tochter geſchwängert. Der Holländiſche
Commandeur, der zu Bantam das Commando hatte, kam einſtens mit ihme in eine Unter-
redung, und ſagte ihme: wann ein Chriſt bey
ſeiner eigenen Tochter ſchliefe, ſo würde er an
Leib und Leben geſtraft. Der König gab ihme zur Antwort: das wäre nicht recht; wann

F 5   ein

ein Haus-Väter einen Baum pflanze, so gehören ihme auch die ersten Früchten davon zu essen; also seye es einem Vater auch nicht verwehrt, wann er die erste Blume von seiner Tochter geniese.

Anlangend die Sclaven, so seynd sie von allerhand Nationen; diese kaufen unsere Schiffleute in andern Landschaften auf, und suchen ihren Profit daran. Sie handeln solche entweder von Leuten ein, die zu viele Sclaven haben, und Geld brauchen, oder auch von armen Eltern, die ihre Kinder nicht wohl erhalten können, und zwar manchmalen sehr wohlfeil, und nur um einen Sack Reiß. Oft verkauft der Bruder die Schwester, und die Schwester den Bruder durch List. Sie bereden zum Exempel einander: sie wollen da und dort hingehen, und bestellen vorhero die Sclavenhändler auf einen gewissen Plaz, damit sie, wann sie einen bringen, solchen gleich hinweg nehmen, und auf dem Schif verwahren können. Es geschiehet auch, wann sie auf einem freyen Plaz seynd, daß der Verkäufer nebst dem andern, zugleich mit auf das Schif gebracht wird. In dem Schif werden sie besonders eingeschlossen, und zwey und zwey zusammen geschmidet, damit sie nicht, wie öfters geschehen, aufrührisch werden können, und das ganze Schifsvolk ermorden. Wann sie nach Batavia, oder sonsten an ein Ort, wo sie verkauft werden,

gebracht,

gebracht ſind, und jemand einen Sclaven kaufen will, ſo gehet er zu dem Kaufmann, der
die Sclaven feil hat, und beſiehet einen jeden
an dem bloſen Leib: ob er keinen Mangel und
Fehler an ſich habe? gleich als wie man ein
Pferd beſiehet. Iſt nun einer darunter,
welcher ihme anſtändig iſt, es ſeye eine
Manns-oder Weibs-Perſon, ſo handelt er
mit dem Kaufmann, um 20. 50. oder 100.
Thaler, darnach der Sclav ſchön oder ſchlecht
ausſiehet; hernach wird ein Kaufbrief darüber verfertiget, und von denen Herren auf
dem Stadt-Haus unterſchrieben. Es werden auch viele in der Stadt gekauft und verkauft, die daſelbſt erzogen und gebohren worden; und dieſes von Leuten, die entweder zu
viele haben, oder auch von ſolchen, die wieder nach dem Vaterland gehen wollen, oder
wann Herr und Frau geſtorben ſeynd, oder
wann ſie dem Herrn und Frau nicht gut thun
wollen, welche aber gemeiniglich an den
Meiſtbietenden, oder vielmehr im Abſtreich,
verkauft werden.

Dieſer Abſtreich wird alſo gehalten: So
einer zu viele Waaren in ſeinem Haus hat,
oder ſo jemand geſtorben, oder ſo einer, wie
ſchon erwehnet, nach dem Vaterland gehet,
laſſen ſie einen Stand von Brettern vor ihrem
Haus aufrichten. Alsdann gehet einer mit
einem groſſen kupfernen Becken, welches einen Schall, wie eine groſſe Glocke, von ſich
giebet,

giebet, in der Stadt herum, daß es denen
Leuten zu wissen gemacht werde, wo die Ver-
kaufung gehalten wird. So nun jemand etwas kaufen will, der gehet zu dem Stand
hin. Darnach wird ein Stuck um das andere auf den Stand gebracht, wie auch die
Sclaven, und wird von einem darzu bestell-
ten Mann alles auf das theuerste angeschla-
gen; zum Exempel, wann etwas 50 Thaler
werth ist, so wird es um 60 Thaler feil geboten. Darnach ruft der darzu bestellte
Ausrufer: 60 Thaler, 59, 58, 57, 56,
und also fort, bis einer kommt und ruft:
mein. Also wird es demjenigen hingegeben,
der mein gerufen hat; mit der Bezahlung
aber hat er noch 6 Wochen Zeit. Dieses ist
die beste Handelschaft; wer viel darzu gehet, kan in kurzer Zeit ein reicher Mann werden, weil sie öfters mit dem Wörtlein mein,
3 bis 400 fl. gewinnen können, darnach nemlich etwas verkauft wird. Sie kaufen oft
wohlfeil, und bringen es wieder theuer an.
Was vornehme Herren oder Bürger seynd,
die haben 100 bis 200 Sclaven. Theils
brauchen sie solche zu ihrer Aufwartung,
theils auch nur vor den Staat, theils aber
auch zu der Arbeit in ihren Lust-Gärten.
Wann der Herr oder die Frau siehet, daß
zwey einander lieben, so lassen sie selbige vor
sich kommen, und befehlen dem Kerl, oder
dem Weibsbild: daß keines mit einem andern

dern keine Gemeinſchaft mehr haben ſolle,
mithin ſeynd ſie Mann und Weib zuſammen,
und die Kinder, welche ſie miteinander zeugen, gehören dem Herrn. Zeugen ſie viele
Kinder, ſo hat der Herr einen guten Nuzen
davon; dann wann ein Kind 5 oder 6 Jahre
alt iſt, können ſie 40 bis 50 Thaler löſen,
wann man es verkaufen will: was aber Leute
ſeynd, die ihren Sclaven nicht Arbeit geben
können, die verſtellen ſie bey Leuten, die keine Sclaven haben, Monat weiß, um daſelbſt
als ein Knecht oder Magd zu arbeiten. Wann
der Monat aus iſt, ſo empfängt der Herr vor
ſeines Sclaven Arbeit an Geld den Lohn, 2.
3. oder 4. Thaler. Etliche ſchicken ſie auch
nur des Morgens aus, und müſſen ſie des
Nachts ihr gewiſſes Geld mitbringen, ſie
mögens hernach verdienen, wie ſie wollen;
und wann ſie es nicht aufbringen, ſo werden
ſie geſchlagen; die Weibsbilder aber, welche
etwas ſauber ausſehen, verdienen ihr Geld
meiſtens mit ihrem Leib. Seynd ſie ſchön, ſo
müſſen ſie ihrem Herrn auch vieles Geld aufbringen, des Tags 2, 3 oder 4 Schillinge,
(ein Schilling iſt ſo viel, als bey uns 12 kr.
oder 3 gute Groſchen. Siehe S. 26.)
Es iſt auch eine ganze Straſſe auſſerhalb
der Stadt, allwo die Huren frey gelitten
werden, der Waſſerplatz genannt; wer ein
ſolches eingebildetes Vergnügen haben will,
der gehet ohne allen Scheu dahin. Dieſes iſt
zwar

zwar vor etlichen Jahren verbotten worden,
es hat sich auch keine Hure allda mehr aufhalten dörfen ; nachdeme aber durch das lange
Schiffahren die Matrosen nach solcher Ware begierig worden , und nichts mehr angetroffen, haben sie ehrliche Weiber darzu genöthiget; dahero ist, um solches Lasterleben
ferner zu verhüten , vor gut angesehen worden, solche Strasse wieder frey zu lassen, und
wird also diese schändliche Handthierung da-
to noch ohne Scheu darinnen getrieben. Die
Europäer verheurathen sich viel mit den
schwarzen Weibsbildern ; sie müssen aber
doch Christen seyn. Sie nehmen sie nur
meistens ihres Geldes halber ; dann es ist
leicht zu erachten, daß weiß und schwarz nicht
wohl zusammen taugt, und selbige keine rechte Liebe gegen einander haben können. Deren Weiber geben zwar wohl vor : sie haben
vielmehr Liebe zu denen Weissen, als zu ihren
eigenen Landsleuten ; ich habe aber von vielen das Gegentheil gehöret, die sagten : weilen die Holländer den Zwang und Oberhand
haben, seyen sie mit denen Weissen Gemein-
schaft zu haben, gezwungen; dann wo sie
das nicht thäten, wären sie auf der Strasse
nicht sicher. Es geschiehet auch gar oft, daß
solche schwarze Weiber mit weissen Männern
vermählet seynd, und doch kohlschwarze Kinder bekommen; oder daß die Männer gar einen Schwarzen bey ihnen antreffen, welches,

nach

nach dem bekannten Sprichwort zu reden,
gemeiniglich Waſſer auf ihre Mühle iſt.
Dann in dieſem Fall kan ſich ein Mann von
ſeinem ſchwarzen Weib ſcheiden laſſen, und
wird ihme ſodann das halbe Vermögen von
derſelben zugeſprochen. Hierdurch iſt ſchon
mancher ein reicher Mann worden, und die
Weibsbilder haben hernach bekannt: daß ſie
ſolches aus natürlicher Liebe gegen ihre Lands-
leute gethan haben. Alsdann aber werden
die Weiber gegeiſſelt, und auf eine gewiſſe
Zeit in das Zuchthaus gethan.

Dieſe Frauens=Perſonen arbeiten wenig,
eſſen oder käuen vielmehr den ganzen Tag Piſang, (*) welche ſolchergeſtalten zugerichtet
ſeynd: Erſtlich haben ſie wohlriechende Blätter von Betele, (**) einem Kraut, das einer
Hand breit iſt, darauf ſtreichen ſie einen kleinen Meſſerſpitz voll Kalk, welcher von kleinen
Muſcheln gebrannt iſt, wicklen die Blätter
zuſammen, und ſtecken in die Mitte ein Vier-
tel von einem Arek, (***) iſt gleich einer Mu-
ſcaten-

(*) Piſang oder Pynang ſind Indianiſche Feigen, von
röthlicher Farbe, faſt in der Gröſſe wie eine welſche
Nuß. (Siehe oben S. 60.)

(**) Betele iſt eine durchgehends in Indien wachſende,
und, gleich dem Pfeffer oder Cubeben, an wilden und
guten Bäumen ſich aufſchlingende Frucht.

(***) Arek iſt ein Baum, der häufig in Oſt=Indien wächſet, und der faſt dem Cocus=Baum gleichet, wiewohl
jener kleiner als dieſer iſt. Seine Früchten ſind roth=
ſäurlich, doch ſehr lieblich von Geſchmack.

scaten-Nuß, wovon auch die rothe Schar-
lach-Farb gemacht wird;) dieses kauen sie den
ganzen Tag, daß ihnen der Mund blutroth
davon aussiehet. Sie rauchen auch dazwi-
schen Taback, aber nicht aus Pfeifen, sondern in einem dürren Stücklein Laub zusammen gewickelt.

Wann sie Hochzeit halten wollen, werden
sie drey Sonntage nach einander ausgerufen,
und den folgenden Montag auf dem Stadt-
haus copuliret, oder, wie sie es nennen, die
Untertrau gehalten. Sodann werden sie
als Bürger eingeschrieben, welches aber keinen Heller kostet; den folgenden Donnerstag
werden sie erst in der Kirche recht zusammen
gegeben. Der Kirchgang wird also ange-
stellet:

Erstlich gehet die Braut zwischen zwey andern ledigen Töchtern, unter einem Sonnen-
oder Regen-Schirm; nach ihnen folget der
Hochzeiter, zwischen seinen zwey Spiel-Ge-
sellen. Bey ihrer Zurückkunft von der Kirche zum Hochzeit-Haus, werden sie mit Per-
sianischem Rosen-Wasser besprützet, und
wohlriechende Blumē, auch allerhand gefärb-
te Blezlein, auf sie geworfen. Sie gehen aber
erst des Abends um 5. Uhr in die Kirche, ohne Geläute und ohne Gebet. So bald sie
wieder in dem Hochzeit-Haus seyn, gehet die
Mahlzeit an, und dieses alles auf des Hoch-
zeiters oder seiner Eltern Kosten. Nach der
Mahl-

Mahlzeit tanzen sie, bis der Tag anbricht,
alsdann gehen sie zu Bette; da wird mit
Trommeln, Pfeifen, Geigen und Springen
ein unerhörter Lermen geführet; alsdann
gehen die Hochzeit-Gäste nach Haus.

Was die Regierung anbelangt, so ist der
General das Oberhaupt von ganz Indien.
Er führet einen königlichen Staat. Ob er
schon nur ein Diener von denen Herren Kaufleuten in Holland ist, so kan er doch der Schwarzen Könige ein- und absetzen. Seine Besoldung ist monatlich 1200. fl. und 100.
Thaler Kostgeld. Darneben hat er noch alles frey, Wein, Früchten, Fleisch, und
was er nur begehret. Es gibt auch sonsten
noch viele Accidentien, welche noch mehr als
seine Besoldung betragen, und hat seinen
freyen Sitz in dem Castel. Er hat aber noch
seine zwölf Raths-Herren, die man Räthe
von Indien oder Edle Herren nennt, die müssen alle Wochen drey oder vier mal miteinander in den Rath sitzen. Diese machen aber
keine Streit oder Rechts-Sachen aus, sondern regieren nur das Land, erwählen Be-
amte und Officier, commandiren die Schiffe,
wo sie hingehen, und was sie laden sollen,
und schlichten und richten, wann es Krieg ist.

Es kan auch ein gemeiner Soldat oder
Matros darzu kommen, daß er ein Rath von
Indien, oder General wird, wann er an-
derst das Glück hat, und sich wohl hält; wie

G   dann

dann auch der General Abraham Battras
deſſen wir oben S. 47. ſchon erwehnet haben,
und der erſt im 1738ſten Jahr geſtorben, nur
ein gemeiner Soldat geweſen, und zuerſt auf
das Caſtel gelegt worden; da er ſich aber
nicht gar zu wohl gehalten, und von denen
Officieren, wegen vielen Brandtwein-trin-
kens, alle Tage Schläge bekam, wurde er
wegen ſeiner übeln Aufführrnng auf ein anderes Land commandiret; allda wurde er, aus
Mangel anderer, zum Schreiber angenommen; da er ſich nun bey dieſer Stelle wohl
aufgeführet, iſt er endlich nach und nach dergeſtalten vorgerückt, bis er zu Batavia General worden iſt.

Der nächſte an ihme heißt ein Directeur, und
hat des Monats 1000. fl. Beſoldung, nebſt
ſeinem Koſtgeld. Dieſer führet die Rechnung, unterſchreibt alle Einnahme und Ausgabe, hat auch die Schlüſſel zum Geld und
Magazin. Die andere Edle Herren oder
Räthe haben des Monats 600. fl. und 60.
Thaler Koſtgeld. Es wird auch einem jeden
noch ein Canton oder gewiſſe Landſchaft zuge-
geben, darüber ſie zu commandiren haben,
und ihren Vortheil dabey zu machen wiſſen.

Der andere Rath, wird der Juſtizrath
genannt; dieſer machet alle Händel und
Rechts-Sachen aus, und ſpricht denen Ue-
belthätern das Leben ab. Die Mitglieder
deſſelben müſſen aber Rechts-Gelehrte ſeyn.
Sie

Sie haben ſechs oder ſieben reformirte
Geiſtliche in der Stadt, und vier Kirchen.
Eine iſt in dem Caſtel, und eine mitten in der
Stadt. Sie iſt achteckigt, und gibt wegen
ihrer Höhe einen ſolchen ſtarken Wiederſchall,
daß man den Prediger faſt kein Wort verſtehet, welchem Fehler man bishero vergeblich
abzuhelfen geſuchet hat. Sie iſt ſo ſchön,
als man in Teutſchland eine ſehen wird; ſie
haben aber alle keinen Thurn noch Glocken.
Es iſt auch noch eine Kirche da vor die Ma-
leier, die Chriſten worden ſind, und eine
vor die Portugieſen, worinnen malaiſch und
portugieſiſch geprediget wird. In ganz Indien aber iſt keine Uhr, aus der Urſache: weil
das Eiſen durch die feuchte und ſalperigte Luft
bald verroſtet und verzehret iſt. Die Glocken
hängen an vier Ecken der Stadt an beſonders
dazu verfertigten hölzernen Gerüſten, und
ſtehet bey jeder derſelben eine Schildwache mit
einer Sand-Uhr; wann dieſelbe ausgelaufen
iſt, ſo ſchlägt die Schildwache mit einem
Hammer an die Glocke, ſo viel als die Stunde iſt.

Unter denen Soldaten iſt kein eigentliches
Regiment oder Compagnie; die Beſatzung,
ſo in dem Caſtel lieget, ſtehet unter einem
Hauptmann; ſie ſind auf 4. Pünten (*)
und an zwey Pforten vertheilet, mit einem
G 2   Officier,

(*) Was Pünte ſeye, haben wir ſchon oben S. 47. in der
Anmerkung erkläret.

Officier, und etlichen Corporals; wenn sie
zu viele auf dem Castel haben, so werden sie
von dem Hauptmann ausgemustert, und an
die Stadt-Thore commandiret. An einer
jeden derselben lieget auch ein Capitain mit
noch mehrern Officiers. Wann nun ein
Schif auf ein ander Land fähret, so werden
sie auch wieder an den Pforten ausgemustert,
und mit demselben anderswohin geschicket.
Fehlet unter denen Handwerksleuten ein
Zimmermann, Maurer, Schreiner oder
Kiefer, so wird an die Soldaten geschicket,
mit der Anfrage: wer von ihnen ein solches
Handwerk erlernet habe? Diejenige, die sich
nun melden, werden von denen Soldaten
losgemacht, und zu denen Handwerksleuten
geschrieben, und bekommen an statt 9. fl.
monatlich 14. fl. nebst 3. Thalern Kostgeld.
Will aber ein Soldat vor sich selbsten seine
Profession oder Handwerk treiben, so gibt
er seinem Hauptmann des Monats 9. Schillinge, dann ist er frey, und kan handlen und
treiben was er will; seine Besoldung geht
aber dennoch fort. Hat einer Lust, so gar
Burger zu werden, so kostet es ihne keinen
Kreuzer; die Burgersleute mögen auch hand-
thieren und Ländereyen haben, so viel sie wollen, so geben sie nichts davon.

Damit ich mich nun nicht zu lange mit der
Landes-Beschaffenheit aufhalte, so will ich
auch wieder auf meine eigene Person komen.
Als

Als nun unſere drey freye oder Feyertage, von denen ich oben S. 47 Meldung gethan habe, vorbey waren, mußten wir alle Morgen mit Picken und Flinten exerciren. Das währete fünf oder ſechs Wochen lange, bis die neu ankommende Leute ſolches erlernet hatten; hernach geſchahe es alle Wochen nur zwey mal.

Ich bekam gleich die erſten Tage die Ruhr, war aber froh, daß mich der liebe GOtt mit dieſer Krankheit, die faſt ein jeder auszuſtehen hat, auf dem Schif verſchonet hatte, und nahm ſolches mit Gedult an, weil doch unter 100. nicht einer hinkommt, der nicht eine Krankheit ausſtehen mußte, bis er des Landes Art und Speiſe gewohnet iſt. Und ob ich gleich nicht ſo krank ware, daß ich liegen mußte, ſo wurde ich doch in den Spital gebracht, woſelbſten ſich beſtändig 1000 bis 1500 Perſonen von unſern Leuten krank befinden, und alle Tage 5 bis 10 Toden begraben werden. Die Kranke haben eine ſchlechte Aufwartung. Die recht todkrank ſeynd, liegen in einer Bettladen, darinn ein mit Baumwollen ausgeſtopfter Sack ſich befindet, der in der Mitte ein rundes Loch hat, dardurch der Kranke ſeine ſ v. Nothdurft verrichten kan; unter der Bettlade ſtehet ein Züberlein, darein der Unrath fällt. Wann der Kranke nicht mehr ſelbſten aufſtehen kan, ſo muß er auf dem Sack liegen bleiben, bis

G 3   er

er stirbet. Des Morgens frühe vor Tag
kommt der Kranken-Vater, um nachzuse-
hen, wo Todten liegen? Wann er weiß, daß
einer todkrank gewesen ist, den ziehet er nur
an dem grossen Zehen, um zu erfahren: ob
er sich noch rege? Wann er sich nicht mehr re-
get, so wird er vor tod gehalten, von zwey
schwarzen Sclaven in das Todten-Haus getragen, und des Mittags in eine, nur von
vier Brettern zusammengeschlagene Bahr,
geleget. Hierauf wird er von seinen Pro-
fessions- oder Handwerks-Verwandten auf
den Kirchhof getragen, jedesmal werden drey
Bahren aufeinander gestellet, und endlich
das Grab von denen schwarzen Sclaven zu-
gescharret. Dieser Kirchhof enthält wohl
bey zehen Morgen Platz, und wird doch solcher alle zwey oder drey Jahre umgegra-
ben. (*)

Die Soldaten werden also begraben: Es
werden 16 Mann darzu commandirt; vor-
an gehet ein Sergeant, und 8 Mann tragen
den Todten halb Wegs; hernach werden sie
von denen übrigen 8 Mann abgelöset, die
müssen ihn vollends auf den Kirchhof tragen;
hinten gehet wieder ein Corporal, der das
Leichenbegängniß beschliesset. Zu den Matrosen

(*) Hieraus kan man schliessen: wie gefährlich die Luft,
auch Speise und Trank in Ost-Indien denen Deutschen
seyn müsse, besonders wann sie sich der Unmäßigkeit,
wie gemeiniglich zu geschehen pfleget, überlassen.

troſen ſeynd nur 4 Mann beſtellt, die müſſen ihren Toden allein hinaustragen. Wann
ſie ihn drauſſen haben, holen ſie wieder einen andern, wann noch einer vorhanden iſt.
Die Handwerksleute gehen alle einander mit
der Leiche, je nachdeme einer ein Handwerk
getrieben hat. Diejenige, die das erſte mal
darbey ſeynd, müſſen eine Bouteille Brantewein zum beſten geben, das ſie bey dem
Grab austrinken, und ihren verſtorbenen
Freund dergeſtalten beweinen, daß ſie oft
toll und voll dabey werden.

Wie viele Unordnungen übrigens in denen Lazareten und Spitälern, wegen der
Menge der Kranken, vorzugehen pflegen,
läßt ſich leichtlich aus folgenden Umſtänden
ſchlieſſen: Des Morgens frühe kommt der
Barbierer, und fragt einen jeden Kranken:
was ihm fehle? Was nun der Kranke kla-
get, das ſchreibet er auf einen Zettel, und
verordnet darauf die Medicin, gibt hernach
den Zettel dem Apothecker, daß er die Medicin verfertige. Alsdann wird einem jeg-
lichen Kranken ſeine verordnete Arzney von
den ſchwarzen Sclaven gebracht, und geſchiehet es oft, wann ſie die Numer an den
Bettladen verfehlen, daß ſie einem jeden
Kranken eine unrechte Arzney geben, welches denenſelben höchſtſchädlich ſeyn muß.
Eine Stunde hernach bekommen ſie ein wenig Reißwaſſer, welches nur von dem gekoch-

ten Reiß abgeschöpft wird; des Mittags erhalten sie ein wenig Fleisch und Wurzeln in
der Fleischbrühe, und des Nachts ein wenig
Reißsuppe.   Die nicht recht todkrank seynd,
müssen nur auf einer harten Pritsche liegen.
Ich brachte meine Zeit auch 14 Tage in dem
Spital zu, bis ich wieder gesund war, da
gieng ich wieder auf das Castel, und that meinen Dienst als Soldat, bis auf den October.

Als die Zuckerschiffe nach Holland giengen,
kam ein Kiefer, mit Namen Georg Schreiner, von Bretten aus der Pfalz, auf das
Castel, und fragte die Soldaten: ob nicht
einer unter ihnen wäre, der das Kiefer-Handwerk erlernet hätte? da wurde er zu mir ge-
wiesen, und sagte er: wann ich wollte auf
meinem Handwerk schaffen, so sollte ich nur
in seine Werkstatt kommen, weilen zwey von
seinen Kameraden mit diesen Schiffen nach
Holland giengen; mithin müßte man wieder
zwey andere haben; wann ich von den Soldaten ietzo loß seyn wolle, so könnte ich auf
solche Weise am besten davon kommen, welches mir nun gleich anständig war.   Ich
gienge alsobald nach seiner Werkstatt, da
traffe ich noch zwey andere Würtenberger an,
mit Namen Matthäus Nef von Thamm,
Ludwigsburger Ammts, und Michael Vel-
ter von Michelbach, bey Ochsenburg und
Zaberfeld im Zabergäu.   Es begleitete mich
einer

einer von ihnen zu ihrem Meiſter, welcher
ein Zimmermann war. Dieſer hatte die
Aufſicht über Zimmerleute, Kiefer, Schreiner, Wagner und Dreher, und alle diejenigen, die im Holz arbeiten, ſo daß er über
500 Mann zu commandiren hatte. Er gibt
aber denen Leuten keinen Lohn oder Koſtgeld,
ſondern ſie werden alle von der Oſtindiſchen
Compagnie bezahlet. Dieſer Meiſter ſchrieb
meinen Namen auf, und ſchickte zu meinem
Capitain hin, daß er mich ſollte verabfolgen
laſſen, welches ſich derſelbe gefallen laſſen mußte. Da wurde mein Name von den
Soldaten loßgeſchrieben, und in das Hand-
werksbuch eingeſetzt, folglich war ich nun
von denſelben loß, und bekam anſtatt 9 fl.
monatlich 14 fl. nebſt 3 Thaler Koſtgeld. Es
kam mir aber wunderbar vor, daß die Handwerksleute wegen der groſſen Hitze keine Hemder anhatten. Ich ſtund derowegen aus natürlicher Schamhaftigkeit in der gröſten Be-
ſchämung da, daß ich das meine auch ſollte
ausziehen. Meine Kameraden zwungen
mich aber hierzu, wann ich arbeitete, und
ſagten: ich müßte nur ein Brandmal haben,
weil ich mich zu entblöſen ſcheuete; damit zog
ich es aus, war es auch bald gewohnet, ſo,
daß ich die ganze Stadt ausliefe, und nichts,
als ein dünnes paar Hoſen, anhatte.

Alle vierzehen Tage bekam ich das halbe
Koſtgeld, und alle drey Monate nur einen

Monat

Monat Sold mit 14 fl. bezahlt; dann die
übrige zwey Monate werden einem abgezogen,
bis der Seelen-Verkäufer wegen seiner aus-
gelegten Frucht vergnügt iſt. Und dieſes,
was hier zurück behalten wird, kan derſelbe
alle Jahr in Holland empfangen, wann
nemlich die Bücher durch die Schiffe über-
bracht werden. Ich aſſe etliche Wochen bey
denen Chineſern vor mein Koſtgeld; es lan-
gete aber niemalen. Da mußte ich nun auf
Borg bey ihnen eſſen, bis das Koſtgeld wieder ausgetheilet wurde, ſodann bezalte ich
ihnen, was ich ſchuldig war. Ich hielte
mich aber bey ihnen nicht lange auf, ſondern
ich miethete ein Haus auſſerhalb der Stadt,
und gab alle Monate zwey Thaler Zins daraus. Ich nahm aber noch fünf Kameraden
zu mir in das Haus; wir legten unſer halbes
Koſtgeld zuſammen, und kochte einer einen
Tag um den andern; haben auch mit dieſem
unſerem halben Koſtgeld alle Tage Fleiſch,
Fiſche, oder Hüner eſſen können; das hielte
ich ſo ein Jahr lang aus. Das übrige Koſtgeld legten wir zuſammen, und vertrunken
es gemeiniglich nach dem Nachteſſen in
Puntſch oder Gloria, auch nur in Brantewein, wobey wir herrlich und in Freuden
lebten.

Was ſonſten wichtiges in dieſem Jahr
vorgefallen, deſſen kan ich mich nicht mehr ſo
genau erinnern, auſſer daß der König von
Makaſ-

Makaſſer denen Holländern den Krieg ankün=
digte, weil dieſelbe auf der Inſel Celebes,
worauf das Königreich Makaſſer lieget, auch
einen Canton oder Landſchaft beſitzen, wel=
ches ihre beſte Reißkammer iſt. Die Makaſ=
ſaren ſind jederzeit der Niederländer abge=
ſagteſte Feinde, auch, nach einem erfolgten
Frieden, nur ihre verſtellte und heuchleriſche
Freunde, geweſen. Der holl. Gouverneur
Sardein konnte ſich damals nicht wohl mit
denen Landes=Königen ſtellen. Dieſer ſchrieb
auf Batavia: daß man ihm 2000 Mann zu
Hülfe ſchicken ſollte, ſonſten müßte er den
Canton verlaſſen, weilen ihme die Könige
hart nachſetzten, und ſchlechterdings Krieg
mit ihme haben wollten. Bald darauf nun
wurde eine ſtarke Auswahl gemacht. Die
ſchwarze Burgersleute, die ſich insgemein
Portugieſen nennen, doch aber unter denen
Holländern ſtehen, mußten 600 Mann, le=
dige und auch junge verheurathete Männer,
hergeben. Die Javaner, und Mallieier,
welche gleichfalls unter der Holländer Bott=
mäßigkeit ſtehen, (dann der Holländer Ge=
biet hat bey dreyßig Stunden Platz in ſich,
und alle, die darauf wohnen, ſtehen unter
denſelben,) mußten auch 800 Mann hergeben.
Von unſern Leuten kamen aber nur 300
Mann dazu, weilen ſie in Batavia zu der
Zeit ſelbſten ſchlecht mit Europäern verſehen
waren, und ein groſſes Sterben uns ſehr
dünne

dünne gemacht hatte. Dann es wurden manchen Tag 10, 15, 20, bis 25 Tode aus dem Hospital getragen, und hatte es damals das Ansehen, als wollte ganz Batavia aussterben. Sodann wurden drey Schiffe in der Schnelle ausgerüstet, und solche mit Stücken, Bomben und Granaten wohl versehen, auch mit dem Volk nach Makasser geschickt, um dem heidnischen Könige einen Widerstand zu thun. Als sie daselbst ankamen, hatten sie genug zu thun, daß sie vor den Makassaren anlanden konnten. Unsere Leute zogen öfters aus dem Castel, um das heidnische Volk von der Belagerung abzutreiben; sie machten auch viele von ihnen nieder; dann unsere Leute hatten gut mit ihnen schlagen, weilen sie kein Schießgewehr hatten; sie trieben sie oft 10 bis 20 Meilen hinweg; allein es half nichts; sie kamen allezeit wieder, und belagerten das Castel; sie wollten aber nur den Gouverneur Sardein, haben. Diesem ware es nun nicht wohl bey der Sache, dahero schriebe er wieder nacher Batavia: man sollte einen andern Gouverneur dahin schicken, weilen ohnehin seine drey Jahre verflossen wären. Dann wann einer an einem Ort drey Jahre als Gouverneur gestunden, so kan er zu Batavia ein Edler Herr, oder Rath von Indien, werden. Alsdann wurde der Major als Gouverneur dahin geschickt, um den Sardein abzulösen;

es

es wurden ihme auch zum Succurs 500
Mann mitgegeben. Dieser schon erwehnte
Sardein machte, so bald er immer konnte,
daß er von dem Makasser-Land ab, und auf
Batavia käme. Als er nun daselbst ankam,
wurde er bewillkommt, und zu einem Rath
von Indien gemacht. Der König aber wollte durchaus keinen Frieden machen, bis man
ihme das fette Schwein, nemlich den Gouverneur Sardein, auslieferte. Dieses wurde auf Batavia berichtet. Darauf wurde
in dem grossen Rath beschlossen: daß er, Sardein, wieder dahin sollte, um seinen Streit
mit dem Könige auszumachen. So bald er
das hörete, gieng er nach Haus, legte sich
in das Bett, und starb. Ob er nun eines
natürlichen Todes gestorben, oder ob er Gift
genommen, das weiß man nicht; das aber
solle gewiß seyn, daß er nach seinem Tod sehr
aufgelaufen ware; er wurde aber dannoch mit
grossem Pracht, wie bey allen Räthen von
Indien gebräuchlich ist, begraben.

Da ich mich nun schon oben bey andern
Leichen-Begängnissen etwas verweilet habe,
so will ich auch dieser Ceremonie kürzliche Erwehnung thun. Erstlich gehet eine Compagnie Pikeniers, nach diesen eine Compagnie
Grenadiers, nebst vier Tambours; auf diese
folgen zwey Compagnien Musquetiers, zwey
Trompeter, und sechs Musicanten. Nach
diesen gehet einer mit einem Scepter, und
wieder

wieder einer mit einem Helm, welchen er auf
denen Händen hält. Hierauf folget einer,
der des Verſtorbenen Wappen träget; dann
kommen die Träger mit der Bahr, und nach
dieſen diejenige, die mit der Leiche gehen.
Bey dem Grabe werden endlich drey Sal-
ven gegeben, und damit die Ceremonie be-
ſchloſſen.

In dieſem 1735ſten Jahr ſahe ich auch,
wie viele tauſend Centner Specereyen verbrannt wurden, (*) welches faſt alle Jahre
geſchiehet, wann die Schiffe nach Holland
abgegangen ſind. Was ſie nicht mitnehmen
können, und alſo in denen Magazinen liegen
bleibt, das wird meiſtens alles verbrannt.
Auſſerhalb der Stadt wird zu dem Ende eine
groſſe Grube gemacht, darein Holz geworfen,
und angeſteckt wird; ſobann werden die Specereyen, als Muſcaten-Nüſſe und Blüt,
Negelein, Zimmet, Pfeffer, Ingwer, und
noch viele andere Waaren, in Säcken, die
aber nur aus Baſt oder denen ſogenannten
Matten verfertiget ſind, aus denen Magazinen geführet, und mit ſammt den Säcken
ver-

(*) Dieſer Vorſicht müſſen ſich die Holländer deſſentwegen bedienen, weilen ſonſten die Gewürze in Europa
dergeſtalten überführet und wohlfeil werden ſollten, daß
ſie nicht mehr die Frachten daran gewinnen würden.
Was man alſo nicht nöthig zu haben glaubet, das wird
verbrannt, und dadurch die Gewürze in einem gewiſ-
ſen Preiß erhalten.

verbrannt, welches oft vierzehen Tage lang
wahret.

Es ſeynd aber Schildwachen darzu beſtellet, und iſt bey Leib- und Lebensſtrafe verbotten, daß niemand nichts davon nehmen
ſolle; und wann auch einer nur fünf oder
ſechs Pfunde davon entwendet, ſo wird er
ohne alle Gnade aufgehenket, welches gar
oft geſchiehet, und daſelbſten nichts neues
iſt.

Wie ſtrenge die Juſtiz hier zu Lande den
Diebſtahl beſtrafe, kan folgendes Exempel
beweiſen: Es ware ein vornehmer Bürger
in Batavia, der von allen Menſchen geliebet
war. Bey dieſem wurden vier Flaſchen
heimlich hinweggebrachten Muſcaten-Oels
gefunden, worauf er ins Gefängniß geſetzet
wurde. Faſt zu gleicher Zeit ſchluge ein Matros einen Kupferſchmid, welcher von Nürnberg gebürtig ware, bey Nacht tod. Beyde
wurden zu dem Strang verurtheilet, und
zu dem Hochgericht geführet. Der Bürger
wurde zuerſt gehänget; und da man nachhero dem Mörder Pardon ertheilte, ſo erweck-
te dieſes einen gewaltigen Lermen, beſonders
unter denen Deutſchen, daß es faſt zu einem Aufſtand kame.

Welche geköpft werden ſollen, die werden
nicht mit dem Schwerdt gerichtet, wie hier
zu Lande, und zwar aus dieſer Urſache, weilen ſie noch keinen erlernten Scharfrichter
daſelbſt

daselbst gehabt haben. Dann wann einer von diesem Handwerk gestorben ist, oder nach Holland gehet, kan Scharfrichter werden wer da will, er seye nun ein Soldat oder Handwerksmann. Wann einer geköpft wird, so haben sie eine Falle, an welcher zwey Pfosten aufgerichtet oder aufgestellet sind, die stehen einen Schuh weit voneinander; unten ist ein Stück Holz befindlich, worauf der arme Sünder seinen Kopf legen muß; quer oben über ist ein grosses breites Messer, das von einem Pfosten zu dem andern langet, darauf liegen noch bey vierzig Pfund Bley, welche auf das grosse Messer gegossen sind. Jenes hänget an einer starken Schnur. Wann nun der arme Sünder mit seinem Hals auf dem untersten Holz liegt, so wird oben die Schnur schnell abgeschnitten, da dann nothwendig das schwere Messer auf seinen Hals fallen, und den Kopf von dem Leib absondern muß; und glaube ich, daß wann auch einer mit dem ganzen Leib auf dem Block läge, so müßte solcher von einander.

Was Heiden seynd, und das Leben verschuldet haben, die werden meistens geradbrechet, gespießt, oder verbrannt. Wann sie geradbrechet werden, so stehen vier Pfosten, einer halben Ehlen hoch von der Erden; auf diesen lieget ein Andreas-Kreuz, darauf der arme Sünder mit Händen und Füssen gebunden wird. Alsdann hat der Scharf-

richter

richter ein starkes Eisen, ohngefehr wie bey uns
ein Hebeisen gestalltet, und schlägt damit dem
armen Sünder ein Glied nach dem andern
ab; da läßt man ihne nun liegen, bis er selber stirbt. Ich habe es selbsten gesehen, daß
dergleichen Elende fünf bis sechs Tage liegen
geblieben, ehe sie gestorben sind. Werden
sie aber gespießet, so nehmen sie einen Pfosten, ohngefehr 10 bis 12 Schuhe lang; oben
ist ein Spitz von Stahl daran gemacht, welcher bey drey Schuhen lang, eines Fingers
dick, und ganz spitzig ist; hierauf wird dem
Missethäter unten, oberhalb des Hintern,
mit einem Messer ein Schnitt zwischen Haut
und Fleisch gemacht, und der Spieß durch
den Rucken gesteckt, daß er oben an dem
Hals wieder heraus kommt; alsdann wird
der arme Sünder mit dem Pfosten aufgerichtet, und solcher in die Erde gestecket; da
sie dann oft noch acht bis neun Tage leben;
doch höret man kein Geschrey, außer wann
der Spieß durch den Rücken gestecket wird,
von ihnen.

Werden sie verbrannt, so wird auch ein
Pfosten in der Erde aufgerichtet; alsdann
wird der arme Sünder mit einem eisernen
Band um den Hals, und einem dergleichen
um den Leib, fest gemacht, und rings um ihn
Holz geleget, damit er, wann solches angestecket wird, zu Pulver verbrandt werde.

Es wurde der Gouverneur Fauſt von Zeylon zu meiner Zeit zu Batavia hingerichtet,
weilen er barbariſch mit denen Chriſten umgegangen, und ſie oft um ein geringes an einen Baum henken laſſen. Seine ganze Ab-
ſicht gienge dahin, auf dieſer Inſel alle Chriſten nach und nach auszurotten, und ſich ſodann zu einem Könige über die Heiden auf-
zuwerfen. Er hatte z. E. bey ſeinen angeſtell-
ten Feſten die Soldaten in Gliedern hinſte-
hen laſſen, und ſie gezehlet; wann er an den
zehenden gekommen, hat dieſer heraus tretten müſſen, und ſo fort, bis der Reihen durch-
gezehlet ware; ohnerachtet nun die armen
Leute nichts begangen, haben ſie doch un-
ſchuldiger Weiſe ſich müſſen henken laſſen.
Die Rathsherren hat er abgeſetzt, und nur
unverſtändige Handwerksleute darzu genommen, damit ſie zu allem, was er verlangte,
das Jawort gaben. Dieſes wurde aber bald
nach Batavia berichtet. Alsdann wurde
ein anderer Gouverneur, welches der Herr
Baron von Imhof ware, dahin geſandt,
welcher, gleich bey ſeiner Ankunft in Zeylon,
den Gouverneur Fauſt gefangen nahm, ohnerachtet er ſich demſelben heftig widerſetzte,
und zutheuriſt mit Canonen nach dem Herrn
von Imhof feuren lieſſe, der ihn aber hernach auf einem Schif nach Batavia ſchickte;
da wurde er in das Gefängniß geſetzt, und
blieb zwey Jahre darinnen, bis das Todes-
Urtheil

Urtheil aus Holland kam. Als ihm nun der
Tod durch die Geistlichen angekündiget wurde, wollte er solches durchaus nicht glauben,
und stieß dieselbe allezeit von sich. Den dritten Tag hernach wurde er zu der Execution
abgeholet, und auf den Richtplatz geführet;
da war nun ein grosses Feuer aufgemacht, und
ein eiserner grosser Rost darauf geleget; sodann wurde ihme sein Urtheil, nebst seinen
Verbrechen, ordentlich vorgelesen; er stritte
aber immer gewaltig darwider, und sagte:
sie wären nicht im Stande, ihme das Leben
abzusprechen, indeme er Gouverneur seye,
und ihnen noch zu befehlen hätte. Sein Hut
fiel ihm etliche malen aus der Hand; er lang-
te solchen und putzte ihn allezeit ab, als müßte er denselben noch viele Jahre gebrauchen;
wollte auch durchaus nicht glauben, daß ihme etwas geschehen sollte. Das sonderba-
reste bey dieser Sache war noch dieses: daß
ein Matros seinetwegen Scharfrichter worden ist, nur damit er sein Müthlein an ihm
kühlen können, weilen er seinen Bruder zu
Zeylon unschuldig an einen Baum hat henken lassen. Als ihme nun das Urtheil vorgelesen war, wurde ein Stuhl ohne Lehne
hinter ihn gestellet, und dabey eine Tafel,
worauf man den fetten Braten trenchiren
sollte; hierauf setzte ihn der neue Scharfrichter auf den Stuhl, nahm ihn bey seinem langen Bart, zog ihn hinterwärts auf den

Tisch, und gab ihm zuerst mit einem Messer
einen Schnitt in den Hals; darnach schnitte
er ihm den Bauch auf, riß ihme das Herz
aus dem Leib, schlugs ihme um den
Mund, und warf es auf den Rost; endlich
wurde er zu vier Vierteln verschnitten, diese
auch auf den Rost geleget und verbrandt.
Er hatte ein roth scharlachenes Kleid an mit
ganz goldenen Knöpfen, davon einer wohl
eine Ducate werth gewesen seyn mag. Der
Scharfrichter wollte nur einen davon zum
Angedenken behalten; es wurde ihme aber
solches gleich gewehret, damit nicht das geringste von ihme und seinen Kleidern auf der
Welt bliebe. Der Stuhl und der Tisch, ja
so gar die Erde, wo nur ein Bluts-Tropfen
von ihme hinfiel, wurde weggescharret, alles auf den Rost geworfen, und zu Pulver
verbrandt; hernach wurde die Asche, der
Rost samt dem Erdreich, auf ein kleines
Schif getragen, dasselbe in das Meer geführet, und alles, nebst dem Schif, in den
Grund versenket. Doch! genug hievon.

Fast ein ähnliches Exempel der Treulosig-
keit hat sich nur etliche Jahre vorhero in Batavia, mit einem Nahmens Elverfeld zugetragen. Dessen Vater ware ein gebohrner
Franzos, ein wohlangesehener reicher Mann,
und Hauptmann über eine Compagnie Lan-
deseinwohner, die in der ostindischen Compagnie Diensten stehen, welche kein Schießgewehr,

gewehr, ſondern nur 10 Schuhe lange Piⸯ
ken haben; ſeine Mutter aber ware eine geⸯ
taufte Heidin. Dieſen ſeinen Eltern that der
junge Elverfeld noch in ſeiner Jugend alles
gebrandte Herzenleid an, (*) und nahme
auch unter andern in ſeinem zwölften Jahre,
ohne Vorwiſſen derſelben, den muhametaniⸯ
ſchen Glauben an, (welches er erſt noch vor
ſeiner Hinrichtung bekannt hat.) Als ſein
Vater mit Tod abgegangen, und der Sohn
ziemlichen Reichthum von demſelben ererbet
hatte, machte er ſich mit dem unrechten
Mammon gute Freunde, die ihme dagegen
an ſeines Vaters Stelle, als Hauptmann
über obengedachte Compagnie Pikenier, geⸯ
holfen haben. Da er nun dieſe Ehrenſtelle
etliche Jahre begleitet hatte, ſo gabe ihme
der Satan ein, mit denen heidniſchen Königen
in der Stille einen Bund zu machen; des
teufeliſchen Vorhabens, alle Chriſten zu erⸯ
morden, und erwehnte Könige von der Holⸯ

H 3 länder

(*) Hier trift es redlich ein, was der ſeel. D. Luther in
ſeiner Hauspoſtill, 4. Halle 1743. S. 1821. bey Erⸯ
klärung des Evang. am 8. Sonnt. nach Trinit. ſaget:
Wer Vater, Mutter, Herren, Frauen nicht gehorchen
will, welches doch GOtt geboten hat, der höre endlich
den Henker. Wer ſich des Vaters Ruthe nicht will zieⸯ
hen laſſen, den ziehe des Henkers Strick. Vater und
Mutter, ob ſie ſchon mit der Ruthe ſtäupen, helfen ſie
doch zum Leben; aber der Henker ſchneidet dir die Kehⸯ
le ab. ꝛc. ꝛc.

länder Bottmäßigkeit frei zu machen, in welchem Vorhaben sie ihm Beistand leisten sollten. Er brachte auch würklich einige davon
auf seine Seiten, erkaufte heimlich so vieles
Gewehr und Pulver, als er immer habhaft
werden konnte, und verbarg alles in seinem
Haus. Als er nun glaubte, dieser sein ver-
fluchter Anschlag könnte glücklich von statten
gehen, schickte er zu seinen schönen Bundes-
Verwandten, mit dem Vermelden: er seye
nun zu allem wohl gerüstet, und man könne
das Vorhaben ausführen; sie möchten nur
mit ihren Leuten kommen. Der Neujahrs-
tag 1723. ware zu dieser schwarzen That aus-
ersehen, die ganze Sache aber also verabre-
det: Des Morgens um 8 Uhr wolle er Elverfeld dem Gouverneur zum neuen Jahr
Glück wünschen, da er dann denselben bey
dieser Gelegenheit niederstechen könne. Vor
jedes Thor ware schon eine gewisse Anzahl
Schwarze bestellet, welche sich daselbst heimlich aufhalten, auf den Schlag 8 Uhr aber
die Wachen unter denen Thoren anfallen,
dieselben niedermetzeln, und sich also der
Stadt-Thore versichern sollten. Von denen
Sclaven in der Stadt hatte er auch schon
viele auf seine Seiten gebracht, denen er
lebenslängliche Freiheit, und über dieses ihrer Herren ganzes Vermögen versprochen,
wann sie dieselben um eben diese Zeit ermorden würden. GOtt machte aber ihre böse

Anschlä-

Anſchläge zu nichte, ließ ſie treffen die böſe
Sach, und ſtürzte ſie in die Grub hinein,
die ſie machten den Chriſten ſein. Sie be-
ſchloſſen einen böſen Rath, und es wurde
nichts daraus; dann das ganze Vorhaben
wurde noch zu rechter Zeit, aus beſonderer
Vorſehung GOttes, verrathen, und alſo auch
bereitelt. Des Mittags um 3 Uhr, noch
vor dem ermeldten neuen Jahrstag, gienge
ein Aſſiſtent oder Schreiber, vermuthlich in
ſeinen Geſchäften, auf das Caſtel. Einer
ſeiner Sclaven mußte ihme wegen der groſſen Hitze, nach Landes Gebrauch, den Son-
nenſchirm über dem Haupt tragen. Der
Aſſiſtent merkte, daß der Sclav, der ſeinen
guten Herrn ungemein liebte, unter Weegs
etliche malen zu weinen, anfienge. Auf Befragen, was ihme fehle? antwortete er: er
dörfe es nicht ſagen, weilen es ihme ſonſten
ſein Leben koſte. Sein Herr lage ihme hart
an: Er ſolle es bekennen; er wolle ihm gewiß
behülflich ſeyn, daß ihme kein Leid widerfah-
ren ſollte 2c. Hierauf fienge nun der treu-
herzig gemachte Sclav an, alles zu beichten,
ſagend: Er habe ſich der Thränen unmöglich
enthalten können, weilen es ihme ſo leid geſchehe, daß er Morgen früh um 8 Uhr ſeinen
guten Herrn um das Leben bringen ſollte; und
wann er das nicht vollbrächte, ſo müßte er der
Sclav, ſterben. Der Aſſiſtent führete den
Sclaven ſogleich zu dem Gouverneur; da-

H 4 ſelbſten

selbsten wurde derselbe verhöret, und dann
bekannte er ferners: daß in des Capitain Elverfelds Behausung, welche ohngefehr einen Büchsenschuß von der Stadt, auf dem
Weeg nach denen Ruinen der ehemaligen
Stadt Jacatra, (woselbsten anjetzo nur noch
ein Lustschloß befindlich ist,) abliege, eine Menge
Schwarzen sich verborgen halten, welche des
folgenden Tages frühe um 8 Uhr alle Christen
ermorden sollten. Der Gouverneur berief
sogleich den hohen Rath heimlich zusammen,
worauf beschlossen wurde: die Garnison sollte des Nachts in der Stille ausrücken, und
des Elverfelds Haus umringen und aussuchen. Die ganze Sache wurde best-mög-
lichst bewerkstelliget; und da fande man fünf
indianische Prinzen, und noch 500 Schwarzen, ohne was entwischet ist. Die Prinzen
wurden als Leibeigene oder Sclaven nach dem
Cap de bonne Esperance geschicket. Von
denen andern wurden viele zum Tod verurtheilet, die übrigen als Sclaven nach andern
Inseln gesandt; dem Capitain Elverfeld
aber wurde die Scham abgeschnitten, ihme
solche um das Maul geschlagen, hernach der
Leib geöffnet, und, da er noch lebendig ware,
das Herz heraus gerissen. (*) Endlich wurde
                                                    sein

(*) Von dergleichen gräusamen, und mehr als barbari-
    schen Executionen solte man in unserem gesitteten Jahr-
    hundert, und unter Christen, die von dem Geist der
    Sanftmuth belebet seyn sollten, nichts mehr hören. Ist

ſein Körper in viele Stücke zerhauen, und
ſolche denen Heiden zum abſcheulichen Exempel, auf verſchiedenen Landſtraſſen an Pfoſten
aufgehänget. Sein Haus wurde, mit allem was darinnen ware, denen Soldaten
Preiß gegeben, ſo, daß in Zeit von 2 Stunden, kein Stein mehr auf dem andern lage.
Auf dem müſten Ort, wo ehedeme das Haus
ſtunde, wurde ſodenn eine Schand=Säule
errichtet, welche oben mit einem Spieß verſehen ware, worauf man Elverfelds Kopf
ſteckte; unten aber wurde deſſen Name nebſt
ſeinem Verbrechen, mit lateiniſchen Buch-
ſtaben eingegraben, welches man heut zu Tage noch leſen kan. Auch darf auf dieſen
Platz niemalen mehr ein Haus erbauet, oder
ein Garten gepflanzet werden. Anjetzo iſt
ſolcher mit Dornen und Sträuchern bewachſen, gleichet dahero völlig einem Wald.

H 5 In

es denn nicht genug, daß man einen Verbrecher auf eine
langſame und empfindliche Art ſeines elenden Lebens beraubet? Solle man auch noch nach ſeinem Tod in ſeinen
Eingeweiden wühlen? Man müſſte kein Gefühl der
Menſchlichkeit mehr haben, wann man dergleichen
Grauſamkeiten billigen wollte. Doch höret man leider!
auch noch in unſern Tagen, von ähnlichen ſchauervollen
Urtheilen, und derſelben abſcheulichen Vollſtreckung.
Die Sache iſt zu bekannt, als daß wir nöthig hätten,
ſolche hier anzuzeigen. Ueber dieſes wünſchten wir: daß
ſolches nicht auf unſere Nachkömmen gebracht werden
möchte.

In diesem Jahr kamen etliche Schiffe von Banda (*) mit Muscaten-Nüssen an. Dieses schöne Land haben die Holländer auch im Besitz, und sind daselbst ganze Wälder, da nichts anders wächset als Muscaten-Bäume. Die Bürger haben theils 50. bis 100. Morgen eigene Waldung; zu denen halten sie 50. bis 100. Sclaven, die alle Tage die Nüsse auflesen müssen, gleichwie bey uns die Eicheln. Sie haben ein gewisses, wie viel sie vor den Centner bekommen; dürfen aber bey hoher Strafe an keinen andern, als an die Holländer, nichts davon verkaufen. Sie wachsen gleich einer Birn; in der Mitte ist die Muscaten-Nuß, und um dieselbe klebet das Muscaten-Blüt. Diese Bäume sind unsern Birnbäumen nicht ungleich. Die Blüte gleichet unserer Kirschenblüte. Sie tragen des Jahres dreymal Früchten oder Nüsse, und werden sonsten in keinem andern Land gelitten, als nur zu Banda. In andern Landschaften haben die Holländer schon ihre gewisse Leute darzu

(*) Banda sind eigentlich 7 Inseln, die in Asien liegen, und haben die übrige von der vornehmsten derselben ihren Namen. Sie liegen 23. Meilen gegen Südosten von Amboina, und 6 Meilen von Seram. Die fruchtbarste dieser Inseln haben die Holländer würklich im Besitz; auf denen übrigen haben sie nur verschiedene Festungen, und treiben starke Handlung dahin. Hier ist das rechte Vaterland der Muscaten-Nüsse, von welchem Handlungs-Zweige die Holländer keinen geringen Nutzen zu ziehen wissen.

darzu beſtellt, daß ſie, wo ſie einen jungen
Muſcaten-Baum antreffen, denſelben gleich
ausrotten.

Der Pfeffer wächſet meiſtentheils auf der
Inſel Java, wie bey uns der Hopfen; iſt eine kriechende Pflanze, hänget ſich daher an
andere Stauden an, und wachſen, wie bey
Träublein, viele Körner auf einem Stiel.
Solcher wird von denen Javanern geſam-
melt, und an die Holländer verkauft.

Es kommen auch alle Jahre zwey oder drey
Schiffe von Ternate, (*) welche Gewürz-
Nägel

(*) Hier irret ſich unſer Autor. Ternate, Machian und
  Huvamahel brachten zwar ehedeme unter allen moluck-
  ſchen Inſeln die meiſten Nägelein hervor. Da aber die
  Holländer ſahen, daß die Inſulaner ſo viele Nägelein, als
  ſie nur immer konnten, heimlich an die Fremden verkauften, welches ihrem Handel groſſen Schaden brachte,
  und denen mit ihnen getroffenen Contracten ſchnurſtracks
  zuwider liefe; ſo rotteten ſie die Nägelbäume überall
  ſorgfältig aus, und laſſen ſie jezo nur alleine auf der Inſel
  Amboina, und denen ihro zunächſt gelegenen kleinen Inſeln Onomo, Naſſelow und Oma wachſen. Wie dann
  auch ein jeder Einwohner auf ſeinem Grund und Boden
  zu theuriſt die wilden Nägelbäume bey 12. Rthlr. Strafe
  ausrotten muß. Dem Könige von Ternate zahlen ſie,
  zu Erſetzung des darunter erlittenen Schadens, jährlich
  12000. Rthlr. Penſion, und ohngefehr 6000. Rthlr. an
  Präſenten. Dagegen ſind ſie verbunden, alle Nägelein
  zu nehmen, und vor das Pfund 7 und einen halben Stüver zu zahlen. Die Bäume gleichen ihrieret denen Lor-
  beerbäumen. ihr Holz iſt ſo hart und feſt, daß auch ein

Nägelein mitbringen. Daſelbſt ſeyn groſſe
Wälder, darinnen nichts anders, als Nägelbäume wachſen; dieſe werden von den
Sclaven geſammlet, wie die Muſcaten-
Nüſſe, und an die Compagnie um ein geringes Geld verkauft, ſo daß ſie das Pfund über
zwey Kreuzer nicht kommt. (*)

Der Zimmet wird von Zeylon gebracht;
da gibt es der Zimmet-Wälder ſehr viele.
Das Holz wächſet auf einem weiſſen Sand-
Boden, etwann anderthalb Mann hoch, in
der Höhe und Geſtalt eines Pomeranzen-
baums und der dickſte Stamm hat etwann
ſechs

dünner Aſt einen Menſchen tragen kan, weßhalben es ehemalen in denen moluckiſchen Inſeln zu Zimmerholz gebraucht wurde. Die Blumen ſind erſtlich weiß, darnach
grün, leſtens roth und bärtlich, aus welchen die Frucht
und Nägelein werden, welche dicht bey einander ſtehen,
und in groſſer Menge wachſen. Wann die Blumen grün
ſeyn, haben ſie einen überaus lieblichen Geruch, deſſen
Annehmlichkeit mit keinem andern zu vergleichen ſtehet.
Die Bäume tragen erſt im 8ten Jahr ihre Früchten, und
ſollen damit bis ins hunderte Jahr continuiren. Ihre
Fruchtbarkeit iſt zwar nicht alle Jahre gleich; doch ver-
muthet man ſicher, daß die Oſtindiſche Compagnie, ein
Jahr in das andere gerechnet, eine Million Pfunde Nägelein bekommt. Was in Oſtindien verkauft wird, wird
dem Pfund nach vor 65. Stüver, in Amſterdam aber vor
75. Stüver bezahlet, welches erſtaunliche Summen ab-
werfen muß.

(*) Von dem Ankauf-Preiß haben wir bereits in vorher-
gehender Anmerkung gehandelt. Und das iſt zuverläßiger,
als was man nur vom hören ſagen weiß.

sechs Zolle in der Dicke, aber von unten hinauf viele Nebenschosse. Sie tragen kleine
Blümlein, und diese bringen kleine Beere,
wie Lorbeern, welche erst grün, und hernach
schwarz werden. Wann nun die Zeit kommt,
daß die Bäume Saft geben, oder bekommen,
wie bey uns im Frühling, so werden die Rinden abgeschälet. (*) Da hat der Gouverneur

(*) Es ist sonderbar, daß da die Zimmetrinde einen sol-
chen herrlichen Geruch und Geschmack hat, das Holz des
Baumes hingegen gar nicht riechet, übrigens aber so
weich, als das Tannenholz ist. Ehedeme wuchsen diese
Bäume an verschiedenen Orten von Ostindien; jetziger
Zeit werden sie nur auf Zeylon, und auch da nur in einem
Raume von 24. Meilen, längst dem Meere gefunden.
Aber dieser kleine Raum bringt den Zimmet in solcher
Menge hervor, daß, nach dem Fuße der jetzigen Con-
sumtion, solcher hinreichend seyn würde, vier solche
Welten, wie die unsrige ist, damit zu versorgen. Hier-
aus kan man sehen: daß, da man allen diesen Zimmet
nicht nöthig hat, die Ostindische Compagnie keine andere
Wahl hat, als solchen zu verbrennen.
Uebrigens irret sich unser Autor hier abermalen, wann er
sagt: Man könne die Bäume nur alle zwey Jahre schälen.
Das ist aber diesem ehrlichen Mann zu verzeihen, weilen
derselbe keinen Grund in der Physik hat. Wir wollen es
ihme aber auf gut Treu und Glauben nicht nachbeten.
Man kennet keinen Baum in der Welt, der, wann man
ihn seiner Rinde völlig und bis auf das Holz beraubet hat,
leben könnte. Die Zimmetbäume werden nach dem
Schälen umgehauen, aus denen Wurzeln treiben sich
neue Schößlinge, von denen man in 6 bis 8 Jahren die
Rinde wieder abschälen kan. Auch gibt es auf Zeylon wil-

neur schon Befehl aus Holland: wie viel Rinden die Compagnie haben will. Dann befieh-
let er dem Holzmeister, daß er darnach sehen
solle, wo dieselbe am besten zu schälen seye,
weil man nicht alle Jahre an einem Ort schälen kan, sondern allezeit die Bäume wieder
zwey Jahre wachsen lassen muß. Alsdann
haben die Schäler vor den Centner so viel,
als bey uns 1 fl. 15 kr. Es ist aber zu merken;
daß dieser Lohn nur von denen dürren Rinden
also bezahlet wird. Wann die Lieferung geschehen, und die Schiffe, deren gemeiniglich
fünf von da an gleich nach Holland, eilf oder
zwölf aber nach Batavia gehen, (welche so
lange daselbsten verharren, bis sie mit einer
Flotte gleichfalls nach Amsterdam verschickt
werden,) abgesegelt sind, so wird ein gewisser Tag bestimmt, wann der übrige Zimmet,
welchen die Schiffe nicht haben laden können,
ver-

de Turteltauben, die sich von ihren Früchten oder Beeren
nähren, und solche ihren Jungen zutragen. Diese ver-
zetteln hier und da einige Beeren; dahero diese Bäume in
grosser Menge wild wachsen, welche aber die Holländer
meistens auszureissen pflegen.
Die Holländer bringen jährlich 7 bis 8 mal hundert tausend
    Pfunde nach Europa, und sezen eben so viel in Ostindien
    ab. Zu Amsterdam wird das Pfund vor 40. bis 60. Stü-
    ver verkauft. Mehrere und ausführliche Nachricht von
    dem Zimmet und den verschiedenen Sorten desselben fin-
    det man in Ludovici Kaufmanns-Lexico, V. Theil,
    S. 1055. sqq. wie auch in der neuen Stuttgarter Real-
    Zeitung, 1765.15. 200. sqq.

verbrannt werden solle; wer sodann etwas
davon kaufen will; der muß das Pfund vor
einen Reichsthaler bezahlen; und wollte einer
auch nur einen Heller davon herab markten,
so wird solcher nicht gegeben. Dieser Vor-
sicht, die überflüßige Specereyen zu verbrennen, muß sich die Compagnie zu dem Ende
bedienen, damit sonsten keine andere Schiffe,
als die ihrigen, diese Waaren nach Europa bringen, und daß solche allezeit ihren
gewissen Preiß behalten mögen, (wovon wir
schon S. 110. sgg. ausführlicher gehandelt
haben.)

Unter denen schon gedachten fünf Schiffen,
die gleich von Zeylon nach Holland gehen, ist
allezeit eines, darauf ein Küstlein mit Edelgesteinen gepackt wird. Es wird aber denen
Steuerleuten, oder denen Schiffs-Officiers,
niemahlen zu wissen gemacht, auf welchem
Schif es sich befindet, weilen solches bald
mehr werth ist, als die andere Schiffe alle;
solches wird der Compagnie alle Jahre von
dem grossen Mogol und von dem König von
Candy verehret, wofür sie wieder andere
Präsenten an dieselben übermachen müssen.

Auf der Insel Zeylon gibt es fast alle Arten
der Edelgesteine, welche Plätze aber, da sie
gefunden werden, alle dem Landes-König
von Candy zugehören. Es ist aber bey Leibes-
und Lebens-Strafe verbotten, keinen davon
zu nehmen, weilen sie der König selbsten su-

chen

chen läßt. Wann dieses aber geschiehet, so
hat man Schildwachen dabey, die Achtung
geben, daß niemand keinen davon entwendet; und so jemand darüber ertappet würde,
so wird dieser ohne alle Gnade und Barmherzigkeit auf einen Spieß gesteckt. Diese Edelgesteine werden meistens in den kleinen Strö-
men, die durchs Land laufen, gefunden.
Wann es lange regnet, daß die Wasser groß
werden, und hernach wieder in ihre Ufer getretten sind, so lassen sich allerhand Steine
sehen, nehmlich Rubinen, Saphiren, Sma-
ragden und Topasen. Alle diese Edelgesteine
wachsen in ihren besondern Adern und Gän-
gen in der Erden, werden durch starke Regengüsse daselbsten abgeflösset, und hierdurch
in die Ströme und Flüsse geführet, woselbsten sie sodann gefunden werden.

Wann sie Perlen fischen wollen, befestigen
sie ein Seil oben an einem kleinen Schifflein;
am Ende des Seils wird ein starker Prügel
oder Stock angebunden, auf den sie sizen können, hängen einen Korb an sich, zwischen ihre Füsse aber nehmen sie einen Stein, und fahren damit in die Tiefe, etwann 10. 11. oder
12. Klafter tief. Wann sie nun einen solchen
Felsen oder Plaz antreffen, wo sich die Per-
len-Muscheln angehänget haben, so füllen sie
den Korb in einer Schnelle voll; alsdann geben sie mit dem Seil ein Zeichen, damit solches in die Höhe gezogen werden kan; sodann

lassen

laſſen ſie den Stein zwiſchen ihren Füſſen fallen, und fahren wieder in die Höhe; (*) auf
ſolche Art werden auch die Diamanten gefunden. (**)

In Zeylon gibt es auch ſehr viele Elephanten, welche vor die gröſte, ſtärkſte, klügſte
und gelirnigſte unter allen vierfüßigen Thieren
gehalten werden, dahero auch viele von ihnen
zum Krieg unter den heidniſchen Königen gebrauchet werden. Die Holländer bedienen
ſich derſelben, ſtatt der Pferde oder Ochſen,
zum fahren und zu vielerley anderer Arbeit.
J
Ihres

(*) Es werden zwar überall Perlen, um die Inſel Mana-
ra bey Zeylon aber die helleſte und rundeſte gefunden,
welche deſſentwegen auch vor die ſchönſte gehalten worden. Die Perlenfiſcher ſind ganz nackend, haben vor
dem Mund eine breite Wurzel, welche faſt das ganze Geſicht bedecket, und wie ein Schwamm geſtaltet iſt, auch
lange Zeit kein Waſſer in ſich dringen läßt. Die Muſchel
öfnen ſich von ſelbſten durch die Sonnenhize, ſo, daß
man hernach die Perlen herausnehmen kan.

(**) Hier irret ſich der Autor abermahlen. So gehet es,
wann man etwas vom hören ſagen weiß. Die Diamanten werden nicht in der Tiefe des Meeres, ſondern in ge-
wiſſen Adern unter der Erde gefunden, da man ſie heraus-
leſen und auswaſchen muß. Man trift derſelben verſchiedene, von allerhand Gröſſe, in Cypern, Arabien,
Armenien, Macedonien, Braſilien, Golconda, Viſa-
pour, Cancan, Malabar, Borneo, Bengala und auf
der Küſte von Coromandel, an. Des Hrn. Grafens
Marshall, aus England, Nachricht von den Dia-
mantgruben, findet man in der neuen Stuttgarter
Real-Zeitung, 1765. S. 353 ꝛc.

Ihres starken und langen Rüssels bedienen sie
sich vielfältig, fast als einer Hand. Sie sollen bis 150. Jahre alt werden. Ich habe
von einigen gehöret, die selbsten mit ihnen
umgegangen sind, daß sie ein sehr gutes Ge-
dächtniß, ja allerdings Menschen-Verstand
haben sollen, indeme sie das Gute, das man
ihnen anthut, nicht vergessen, hergegen auch
sich an denenjenigen, die ihnen etwas zu leid
gethan haben, zu rächen wissen sollen. Wann
sie etwas ziehen, sehen sie öfters, der Sage
nach, hinter sich: ob man ihnen unterwegs
nichts mehr auf den Wagen lege; wann solches geschiehet, ziehen sie gar nichts mehr, bis
man es ihnen wieder herunter nimmt. Wann
auch die Glocke 11. schlägt, da alle Sclaven
und Handwerksleute von der Arbeit gehen,
so sollen auch die Elephanten keinen Schritt
weiters fort gehen, ob sie gleich nur noch 10.
bis 20. Schritte an den Ort hätten, wo man
ihnen abladen solte; oder ihr Aufseher muß
ihnen etwas gutes, nehmlich Feigen, Reiß
oder andere Früchten, zum Essen versprechen;
und wann man ihnen das Versprechen nicht
hält, so solle man auch seines Lebens nicht sicher bey ihnen seyn. Es ist an ihnen, wann
sie tod seynd, nichts zugebrauchen, als die
zwey lange Zähne, die auf beeden Seiten,
wie die Fang-Zähne der wilden Schweine,
heraus stehen, und welche das schöne Elfen-
bein geben. Ein solcher Zahn ist bis 10. Schu-

he

he lang, 4 Spannen dick, und wigt von 70.
bis 336. Pfunde; ihr Fleisch aber ist gar zu
nichts nütze; dann wann sie nur 8 Tage tod
seynd, so ist dasselbe wie eine Sulz und in
wenigen Tagen ganz verzehret, daß man da=
ran nichts als Beiner siehet. (*)

Drey Stunden von der holländischen Re=
sidenzstadt Columbo, auf der Insel Zeylon, ist
ein hoher Berg, Nahmens Adams-Pic, von
dem spanischen Wort Pico, ein Berg, also
genannt, welcher vor den höchsten in ganz
Indien gehalten wird, und zwey Meilen,
oder wie andere wollen, gegen 7 Meilen hoch,
seyn solle. Von demselben sagen sie: daß
Adam nicht allein auf demselben solle gewohnet
haben, sondern auch daselbsten seye begraben
worden. Dann oben auf dem Berg ist ein
Grab, darauf ein grosser Stein liegt, wor=
auf eine Schrift eingegraben ist; es solle aber
noch niemand darzu gekommen seyn, der ge=
dachte Schrift hätte lesen können. Auf die=
sem Stein solle Adam seine Fußstapfen derge=
stalten eingedrückt haben, als ob solche mit
Fleiß darein gehauen wären. Andere halten
solche vor die Fußtritte eines andern Heiligen,

J 2   oder

(*) Man behauptet, daß ein Elephant mehr Fleisch, als
5 gemeine Ochsen habe. Sollte man dann ihre Backen=
zähne nicht auch nützen? Aus der Haut schnitten ehedeme
einige Völker ihre Schilde, weilen sie so stark ist, daß sie
auch einigen wichtigen Säbel-Hieben widerstehen kan.
Die Indianer halten das Fleisch vom Rüssel vor eine be=
sondere Niedlichkeit.

oder auch des Kämmerers der Königin Canda-
ces aus Mohrenland. Viele glauben, das
Paradis ſeye auf dieſem Berg geweſen, und
der erſte Menſch Adam ſeye darauf erſchaffen
worden, weilen oben eine groſſe Ebene iſt;
wiewohlen andere wieder die ganze Inſel vor
den Ort des Paradiſes halten. Neben dem
Grab iſt ein Brunnen, der wird der Eva
Brunnen genannt; dieſes Waſſer wird vor
die beſte Cur gehalten; wiewohl andere dieſen
Brunnen zu einem ſalzigten See machen, der
von denen Thränen der Eva, welche ſie über
den Mord Abels vergoſſen habe, entſtanden
ſeyn ſolle. Die Einwohner des Landes, welche den mahometaniſchen Glauben haben,
bringen viele Opfer dahin. Ehemalen hatten
die Heiden eine Pagode oder Gözen-Tempel
daſelbſten, worinnen der Zahn von einem
weiſſen Affen, als eine Reliquie, befindlich
ware, der groſſe Wunder gethan, und vieles Geld eingetragen. Die Portugieſen riſſen
aber die Pagode nieder, und verbrannten
den Zahn. Des Gouverneurs von Imhof
Haushofmeiſter erzehlte mir: wie er ſelbſten
auf dem Berg geweſen wäre, und auch des
Adams Grab beſuchet; er habe auch ſolche
Leute an dem Berg geſehen, die nur einer Ehlen hoch wären; ſo bald ſie nun einen andern
Menſchen erblickten, ſprüngen ſie über Bü-
ſche und Stauden, ſo daß kein Hund, wegen
ihrer Schnelle, ſolche ſahen könnte. Hier ge-
meldtes

meldtes habe ich nicht nur von dieſem, ſondern
von vielen andern Leuten mehr gehöret, die
eben auch allda geweſen ſind, ſonſten hätte ich
ſolches eher vor Lügen und Mährlein, als vor
Wahrheit gehalten. Doch will ich vor nichts
Bürge ſeyn, weilen ich es nur von andern habe. Ein jeder kan dißfalls glauben, was er
will. Auch laſſe ich dahin geſtellet ſeyn, ob es
wahr oder unwahr ſeye: daß auf dem Berg
ein mittelmäßig hoher, aber ziemlich dicker
Baum befindlich, deſſen kleine krauſſe Blätter
bey Nacht glänzen, und aus Finſterniß Licht
machen. Vielleicht verurſachen die darauf
befindliche Johannes-Würmgen einen ſolchen
Schein.

Nach dieſer gemachten Ausſchweifung keh-
re ich wieder zu meiner eigenen Geſchichte zurück. Der geneigte Leſer wird ſich zu erinnern
belieben, daß ich oben S. 106. erwehnet habe: wie ich noch fünf andere meiner Kameraden zu mir genommen, und daß wir eine beſon-
dere Haushaltung geführet haben. Als ich
nun ein Jahr lange mit denenſelben in dieſem
Haus gewohnet hatte, wurde ich endlich mü-
de, ſelbſten zu kochen, auf den Markt zu laufen,
und die Speiſen einzukaufen; dahero begabe
ich mich in die Koſt zu einem Dreher, welcher
aus Brabant gebürtig ware. Dieſer hatte
eine ſchwarze Sclavin, welche er vor 100.
Thaler an ſich erkauft, uud nachmahls vor
ſeine Haushälterin oder ſein Weib gehalten

J 3　　　　　　　　　hat.

hat. Ich wohnte auch in dessen Haus, und
gabe ihme alle Monate meine 3 Thaler Kost-
Geld, (wie ich S. 105. erwehnet habe,) vor
welche er mich speisete. Von meinem Sold
hatte ich genug zu thun, mir nur die benöthigte
Kleider anzuschaffen, (weilen damals der
Seelen-Verkäufer noch nicht bezahlet ware,
und ich, wie bereits S. 105. und 106. ge-
meldet worden, nur alle 3 Monate einen
Monat bezahlt erhielte, die beyde andere
Monate aber auf des Seelen-Verkäufers
Rechnung gut geschrieben wurden,) und habe
ich in drithalb Jahren nicht einmal gewußt,
wie das Brod oder der Wein in Indien
schmeckt, massen ich niemalen so vieles Geld
habe zusammen bringen können, um Brod zu
kaufen, oder eine Bouteille Wein zu trinken;
wiewohl der Gelust hierzu nicht so hoch bey mir
stiege, weilen ich des Reißes, den man täglich statt des Brodes isset, bald gewohnet ware, und mir das Getränk, das man von
Brantewein machet, und das sonsten gemeiniglich statt des Weins getrunken wird, mir
auch wohl geschmecket hat, zumalen solches
wohlfeil, und die Bouteille mehr nicht als 4
Kr. kostet.

Wann ich des Mittags oder zur Abendzeit
von meiner Arbeit kame, so hatte ich den meisten Zeitvertreib mit meines Hauswirths,
des Drehers Haushälterin. Diese mußte
mich maleyisch und portugiesisch reden lernen,
welche

welche Sprachen mir nach der Hand im Kaufen und Verkaufen ſehr dienlich waren. Dann
wann man etwas von den Heiden kaufen will,
und ihre Sprache nicht verſtehet, ſo merken
ſie gleich, daß man noch nicht lang in Indien
ſeye, und den Kauf-Handel nicht verſtehe;
dahero man ihnen alles noch ſo theuer, als ein
anderer, bezahlen muß. Ich hielte mich ein
ganzes Jahr lang bey dieſem meinem Hauswirth in der Koſt auf.

In dieſer Zeit ware unter andern auch ein
ſtarkes Erdbeben, welches aber nichts neues
in Indien iſt. Die Bergknappen, die an
dem Berg Patang Gold-Erzt gruben, erzehlten mir: wie es gar oft geſchehe, daß, wann
ſie in denen Gruben arbeiten, ſich ein ſtarkes
unterirrdiſches Brauſen hören laſſe; wann
ſie nun ſolches wahrnehmen, liefen ſie aus der
Gruben; dann auf ſolches erfolge allemal ein
ſtarkes Erdbeben. In eben dieſem Jahr kamen auch etliche Prinzen von dem Kaiſer von
Java in Batavia an, welche ſich wohl bey
zwey Monate daſelbſten aufhielten. Sie
machten ihre Reiſe in einem kleinen vergoldeten
Schif; dabey hatten ſie noch 20 andere kleine Schiffe, auf welchen ihre Bediente, meiſtens Frauenzimmer, waren. Nach ihrer
Art führen ſie einen prächtigen Staat; nach
unſerer Art aber iſt er ſehr ſchlecht. Ihre
Kappen, die ſie auf dem Kopf hatten, ſind

J 4   ganz

ganz hoch, von Seiden und mit Gold gezieret, vornen mit einem grossen Carfunkel versehen, mit vielen Rubinen und Saphiren
rund umher besezt, und oben darauf noch mit
einem Paradis-Vogel gezieret. Ihr Hemd
oder vielmehr Camisol ist von feinster Seiden,
und mit ganz goldenen Knöpfen zugeknöpft;
ein Kleidlein oder Schürze von gefärbter Seiden haben sie vier oder funffach um ihren un-
tern Leib gewunden, bis unter die Knie; Hosen oder Strümpfe haben sie nicht an; die
Pantoffeln seynd rings herum mit Rubinen
und Saphiren besezt; ihr Degen ist in einer
ganz goldenen Scheiden, welchen sie, nebst einem von lauter Edelgesteinen gemachten Blu-
men-Gefässe, unter dem linken Arm an einem
seidenen Band hängen haben. Ihre Räthe
gehen auch wohl in Gold, Silber, oder seidenen Kleidern; aber nicht mit Edelgesteinen
besezt. Sie die Prinzen hatten auch viele
Beischläferinnin oder Kebsweiber bey ihnen,
welche mit dem obern Leib ganz blos gehen, auf
der Brust aber einen halben Mond von Gold
tragen. Den Tag über müssen sie ihnen mit
Tanzen und Singen ein Vergnügen machen.
Ehe die Prinzen von Batavia abreiseten, wurde ihnen eine kostbare Mahlzeit in einem Garten ausgehalten; hernach sind sie mit grossem
Pracht wieder in ihr Land gezogen.

Es sitzet auch hier ein Prinz gefangen, welcher des Königs von Bantam oder Java
Bruder ist. Er ware zwar der rechte Kron-
Prinz; da er aber denen Holländern nicht nach
ihrer Pfeife tanzen, und ihnen wegen dem Pfef-
fer-Handel Eintrag thun wollte, so nahmen
sie ihn gefangen, und sezten seinen Bruder
davor auf den Thron. Allda wohnet er in einem Garten, welcher eine Stunde von Batavia abgelegen, und mit einem schönen Lusthaus
versehen ist, in der Gegend, wo ehemalen die
Stadt Jacatra gestanden; (deren wir schon
oben S. 120. erwehnet haben,) und muß er
täglich eine Schildwache bey ihme haben.
Er hat aber doch eines Capitains Besoldung,
und sein gewisses an Kost und Trank. Es
werden ihme auch noch viele Bediente zugelas-
sen, und wohn...ey zehen oder fünfzehen Beischläferinnen gestattet, die ihme mit Tanzen
und Singen ein Vergnügen machen müssen.
Ich gieng einmal bey dem Garten vorbey spazieren; da sahe ich den Prinzen mit einer von
seinen Beischläferinnen in der Hütten sitzen.
Der Prinz hatte ein kleines eisernes Zänglein,
(wie die Barbierer bey uns haben, womit sie
die Schleussen oder Spreisen aus denen Fin-
gern ziehen) und rupfte diesem Weibsbild mit
gedachtem Zänglein die Hare an heimlichen
Orten, aus. Es ist aber bey denen Javani-
schen Frauenspersonen der Gebrauch, daß sie
nichts rauhes an diesen Orten aufkommen lassen,

J 5

sen, sondern solches, so bald sie etwas daran
spüren, gleichbalden ausraufen. (*)

Als ich nun wieder ein Jahr bey oben (S.
133) gedachten meinem Hauswirth dem Dreher zugebracht hatte, wurde mein Mitkame-
rad, Georg Schreiner, von Bretten aus
der Pfalz gebürtig, (dessen wir oben S. 104.
erwehnet haben,) ein Burger in Batavia;
damit mußten wir unter denen Soldaten wieder einen andern Kiefer suchen, der in seinen
Plaz stünde. Er hielte schon 4 Jahre lang
vorher eine Herberg, ehe und dann er Burger geworden, hatte eine schwarze Frau zu
seiner Haushälterin, und dabey noch 10. oder
12. eigene Sclaven, durch welche er mit Bier-
und Wein-schenken schon einen ziemlichen Nuzen gezogen; auch besaß er noch einen guten
Vorrath an Wein und Bier. Dieser that
mir den Vorschlag: ich solle in sein Haus ziehen, er wolle mir freien Trank und Kost geben,

(*) Wir hätten zwar diesen besondern Umstand gerne über-
gangen. Da wir aber diese zweyte, gegen der ersten Auflage nicht gerne verstümmeln wollten, so haben wir es
gelassen, wie wir solches gefunden haben, die Ausdrücke
aber doch gemildert. Naturalia non sunt turpia. Ueberhaupt müssen wir anmerken: daß alle Mahometaner,
beyderley Geschlechts, durch einen Artikel ihres Gesetzes
zu dieser Ceremonie verbunden sind. Nur bedienen sich
die meiste einer Salbe, Rusma genannt, welche die Hare
auszichen macht. Die Javaner sind, einige wenige aus-
genommen, alle der Lehre des Mahomets zugethan, folglich auch zu diesem Gesetz verpflichtet.

ben, dabey könne ich mein Koſtgeld anders an-
legen, und den Sold ſtehen laſſen; nur mit
dieſer Bedingniß: daß, wann ich des Mittags aus der Compagnie Dienſten käme,
ich ihme nur ein wenig arbeiten ſolle, damit
einige ſeiner Sclaven das Kiefer-Handwerk
auch lerneten. Dieſer Antrag gefiele mir,
nahme deßwegen von meinem bisherigen
Hauswirth Abſchied, und zoge zu meinem
geweſten Kameraden in ſein Haus. Bey dieſem arbeitete ich des Mittags von 11. bis 1.
Uhr; da hatte ich gut Eſſen und Trinken, und
hielte auf ſolche Weiſe zwei Jahre bey ihme
aus. Morgens früh auf den Schlag 6 Uhr
aber mußte ich in meiner Werkſtatt ſeyn; und
ob wir wohl nicht viel arbeiteten, ſo mußten
wir doch jederzeit alle gegenwärtig ſeyn.
Was wir daſelbſten in einem Monat lang verfertigten, hätten wir wohl in einem Tag zu-
wegen bringen können; woraus ſich auf unſern groſſen Ernſt ſchlieſſen läßt. Des Morgens mußte uns ein Schwarzer den Coffe
machen. Mittags um 11. Uhr gehen alle
Handwerk-leute von dem Geſchäfte; um halb
zwey Uhr mußten wir aber wiederum gegenwärtig ſeyn, und bis Abends um halb 6 Uhr
dabey bleiben. Wer zu ſpäthe kam, dem waren Schläge gewiß.

In dieſer unſerer Werkſtatt ware auch,
neben uns ſechs Kiefern, (worunter 3 Würtenberger,) noch ein Schwarzer, und dieſer,
weilen

weilen er auch schon über zwanzig Jahre da
ware, genosse eben auch die uns zugedachte 20.
fl. monatliche Besoldung. Morgens und
Abends mußte ich den Brantewein, welchen
die Compagnie bishero hergegeben, denen
Handwerksleuten, zum Präservativ aller
zustossenden Krankheiten, austheilen; bey
welcher Stelle ich mich auch sehr wohl befande,
indeme ich alle Morgen und Abend eine gantze
Bouteille voll vor mich erspahren konnte, da
sich hingegen andere nur mit ohngefehr zwei
Ventausen voll begnügen lassen mußten, der
festen Ueberzeugung lebend: daß vieles Bran-
teweintrinken den Leuten schädlich werden
könnte. Da es mir nun an Geld gebrach,
verkaufte ich meinen Theil Brantewein, und
lösete alle Tage, unserer Währung nach, drey
Bazen daraus. Bey dieser Gelegenheit kam
ich erst zu etwas Geld, und konnte meine Besoldung unangegriffen stehen lassen, auch die
3 Thaler monatliches Kostgeld erspahren,
weilen ich, wie erwehnet, bey meinem gewes-
ten Kameraden und nunmehrigen Hauswirth
Essen und Trinken frey hatte, und ich mir
oben bemeldte Accidenz mit dem Brantewein
machen konnte.

Bey diesem meinem Hauswirth hielte sich
auch ein Kiefer auf, welcher alle Jahre zweymal als Schifs-Kiefer auf Japan fuhre.
Solches konnte er nun am besten in das
Werk richten, weilen jährlich etliche Schif-
se

se dahin geschicket werden, um Handlung zu
treiben. Jedoch darf kein Mensch auf das
Land kommen. Die Holländer aber haben
eine kleine Insel, nur einen Büchsenschuß
von der Stadt entfernet, auf welcher sie ein
Magazin haben, und ihre Kaufmannswaa-
ren daselbst verkaufen. Alsdenn kommen
die Japaner aus der Stadt, und kaufen de-
nenselben ihre Waaren ab. Wenn aber die
Japaner wüßten, daß die Holländer auch
Christen wären, so käme keiner mehr lebendig von der Insel; dann sie bereden dieselben: sie seyen keine Christen, (*) sondern
Holländer. Die Portugiesen hatten sich vor
Zeiten in Japan sehr stark eingenistelt, und
darinnen viele Kirchen und Klöster besessen;
wie dann auch viele Japaner sich zum christ-
lichen Glauben bekehret haben. Dieses ge-
schahe aber nur in der Absicht, um das ganze Land unter ihre Botmäßigkeit zu bringen.
Als aber der japanische Kayser solches ver-
merket, hat er alle Portugiesen erbä: mlich
ermorden lassen, auch denen Japanern,
　　　　　　　　　　　　　　　　welche

(*) Das lassen wir gelten, daß die Holländer hierinnen
die Wahrheit sagen. Ueberhaupt ist es ihnen mehr um
ihre Handlung, als um das Seelen-Heil ihres Nächsten zu thun. Die Portugiesen hingegen mögen von
einer gewissen Bekehrung-sucht eingenommen gewesen
seyn, woraus sie sich ein Verdienst gemacht haben.
Sollten aber die Japaner, als kluge Leute, nicht wissen,
daß alle Europäer sich zur Lehre Christi bekennen, ob
sie schon nicht alle wirkliche Christen sind.

welche Christen geworden, und ihren alten Glauben nicht wieder annehmen wollten, gleiche Todesstrafe angethan. Ueber dieses hat, von solchem Augenblick an, dieser tyrannische Heide bey sich fest beschlossen und verschworen, keinen Christen mehr in sein Land kommen zu lassen, welches auch noch auf den heutigen Tag also gehalten wird.

Es solle aber, der gemeinen Sage nach, kein besseres Land in der Welt gefunden werden, als Japan. Dann Frucht, Wein und Obst haben sie im Ueberfluß. (*) Man hat verschiedene ergiebige Gold-Bergwerke darinnen. Auch ist dieses Land überhaupt so goldreich, daß auch in dem Sand im Wasser öfters das beste und lauterste Gold gefunden werden solle. (**) Dieser grossen Versu-

(*) Japan ist, überhaupt davon zu reden, gebirgicht, steinigt, und unfruchtbar. Aber der Fleiß und die unermüdete Arbeit der Einwohner hat es fruchtbar gemacht, daß sie ihrer Nachbarn entbehren können. Man findet auch grauen Ambra und Edelgesteine darinnen. Das schöne japänische Porcellain ist in der ganzen Welt bekannt.

(**) Das ist glaublich. Viele Flüsse führen Gold in Körnern, welches sich bey der Quelle und durch starke Regengüsse von denen edlen Erzgängen abspület. Der Goldbach in dem Canton Lucern in der Schweiz hat auch Gold in Körnern. Auch an dem Rhein ware ehedeme eine Gold-Wasche. Sie mag aber die Kosten nicht bezalet haben, daß sie wieder abgegangen ist.

Verſuchungen ohnerachtet ſeynd die Inwohner ihrem Kayſer ſo getreu, daß, weilen es
bey Leibes- und Lebens-Strafe verboten
iſt, dieſelben, wann ſie auch über ein Stück
Gold gehen, es nicht aufheben; wiewohl
zwar das Gold auch nicht hoch bey ihnen geachtet wird; dann das kleinſte Geld, ſo ſie
haben, iſt fünf Thaler, Silber-Geld; eine ganze Cuban iſt zehen Thaler an Gold,
ganz dünne und lang, gleich einem Karten-
Blat, iſt aber ohne ein Gepräg. Dieſe Inwohner haben faſt der Chineſer Glauben, und
ſehen ihnen auch, in Anſehung der Gröſſe und
der Kleidung, nicht viel ungleich. Obgedach-
ter Kiefer nahme bey meinem Hauswirth
800 Thaler auf, und kaufte ſich allerhand
Waaren vor ſolche ein, die er mit dahin
nahme, und daſelbſten wieder verkaufte.
Dieſer nun, weilen er ſchon gewußt, was
er mitzunehmen hatte, und woran ein guter
Gewinſt zu machen ſeye, (weilen er ſchon
mehrmalen daſelbſten geweſen,) brachte vor
die entlehnte 300 Thaler 150 Cuban, das iſt
1500 Thaler nach Batavia zurück, womit
er ſchon zufrieden ſeyn konnte.

In dieſem 1738ſten Jahr ſtarb den 6ten
May der General Abraham Battras, (deſſen wir ſchon oben S. 47. und 48. Meldung
gethan haben.) Da wurde drey Tage lang
mit allen Glocken in der Stadt, alle Stunde eine halbe Stunde lang, zuſammen gelitten,

ten, und den dritten Tag darauf wurde er
auf eine fürſtliche Art in der Stadt-Kirche
beigeſezt.

Nach deſſen Ableiben wurde der Directeur
Valkenier zu einem General erwählet. Bey
dieſer Gelegenheit wurde ein prächtiger Auf-
zug von Bürgern und Soldaten geholten,
welche insgeſamt, da er unter dem freien
Himmel vorgeſtellet wurde, in das Gewehr
getretten ſind. Selbige Nacht brandte man
ein koſtbares Feuerwerk ab, wobey man des
Generals Namen in der Luft brennen ſahe.
Dieſer führte aber hernach eine ſchlechte Regierung, ſo, daß ihme Chriſten und Heiden
wenig nachfragten. Dann er ware ſo geld-
begierig, daß keiner mehr einen Dienſt bekommen konnte, er habe denn zuvor demſelben ein gut Stück Geld verehret. Im nach-
folgenden Jahr kame der Gouverneur von
Imhof (ſ. S. 114.) von ſeinem Gouvernement in Zeylon zurück, woſelbſten er drey
Jahre lang geweſen, (*) und dieſe Zeit über
dieſes Land ſehr wohl regieret hat. Dieſer
Herr hatte ſich ein groſſes Lob bey Chriſten
und Heiden erworben, indem er die zwiſchen
ihnen ſchon eine geraume Zeit her entſtandene
Strittigkeiten aus dem Weg geräumet, ſolche vermittelt, und alles wieder in einen guten
Stand geſtellet hatte. Zu Batavia ware er
nun

(*) Ein ſolches Gouvernement währet länger nicht als 3
Jahre. (ſ. S. 108.)

nun der nächste an dem General, mit dem
er aber als einem Gerechtigkeit liebenden
Mann, bald in die gröste Feindschaft ver-
fallen ist. Dessen ohnerachtet verhofften wir
doch jederzeit, er werde dem General im Regiment nachfolgen.

Im Jahr 1739. den 11ten October eräugnete sich hier ein sonderbarer Zufall, der
allen und jeden bedenklich schiene, indeme
des Morgens um 8. Uhr alle Fische in denen
Canälen der Stadt oben auf dem Wasser
schwamen, und den Bauch in die Höhe keh-
reten, also, daß sie von jederman aufgelesen
werden konnten. Viele hielten es als eine
Vorbedeutung eines besondern Unglücks;
und da das folgende Jahr darauf das ge-
rechte Gericht GOttes, eben auch an dem 11.
Oct. und auch des Morgens um 8. Uhr, an denen Chinesern ausgebrochen, und sie insgesamt
durch ein erschröckliches Morden, (wovon hernach unten noch weitere und umständlichere
Meldung geschehen solle,) in den Staub geleget worden sind, so mußte oben erwehnte Bege-
benheit mit denen Fischen, der Vorbote dieser
Niederlage seyn. Ich lasse aber dieses an
seinen Ort gestellet seyn; und merke nur noch
an: daß schon vier Jahre vorhero ein Chineser dieses Unglück seinen Landesleuten pro-
phezeyhet haben solle; und ob er schon deßwegen fest gesetzet worden, so blieb er doch be-
ständig darauf, und brach endlich in diese
Worte aus: K   Wer

Wer in dem Jahr 1738. nicht ſtirbt;
In dem Jahr 1739. nicht verdiret;
Und im Jahr 1740. nicht wird tod geſchlagen,
Der kan von groſſem Wunder ſagen.

Man wollte dieſe Prophezeyhung dahin
auslegen: 1.) daß im Jahr 1738. ein ſolches
Sterben in der Stadt Batavia geweſen,
daß in 4. Monaten 2100. Menſchen, Chriſten und Heiden, daſelbſten geſtorben ſind.
Man ſchrieb die Urſache davon dem ſchädli-
chen Dunſt und der häufigen Aſche zu, die
der brennende blaue Berg ausgedünſtet, oder
in das vorbey flieſſende Waſſer geworfen,
welches daſelbſt zum kochen und trinken gebrauchet wird. 2.) daß man unter dem General Valckenier leichtlich habe verderben
können; und 3.) daß man bey dem, unter denen Chineſern angerichteten Blutbad, bald
habe tod geſchlagen werden können.

Im November d. J. gieng wieder ein Kamerad von meiner Werkſtatt, Namens Eme-
rich Groß von Creuzenach, nach dem Vaterland zurück. Dieſer hatte auch ſchon zwey
Jahre lang eine Herberge, und hielte Koſt-
gänger. Er verkaufte Wein, Brantewein
und Bier, welches letztere er ſelbſten, aber
nur von Zucker und bittern Kräutern machte.
Sein Haus, welches einem Chineſer zuge-
hörte, ware nur einen Steinwurf von dem
Handwerks-Quartier, woſelbſten wir auch
unſere Werkſtatt hatten. Die Gaſſe hieß

Aſſa

Aſſa oder Königsſtraſſe, worinnen lauter
Chineſer, bis auf meinen Kameraden, woh-
neten, die gleichfalls auch allerhand Koſt,
Baumfrüchten und Trank an die Handwerksleute und Sclaven verkauften, welches
Gewerb mir ſehr wohl gefallen hat. Da ich
nun, wie bereits oben erwehnet worden, ein
wenig Geld vor mich erſpahret hatte, und
dabey überlegte, daß man auf einer ſolchen
Herberg bald etwas gewinnen könnte, ſo
entſchloſſe ich mich, auch einen Wirth abzu-
geben. Ich nahme dahero von dem Georg
Schreiner Abſchied, kaufte meinem Kameraden vor ſeiner Abreiſe ſeinen Hausrath vor
30. Thaler ab, und zoge in deſſen bishero in-
nen gehabtes Haus, gegen monatlich zu rei-
chende 4. Thaler Hauszins. Dieſer hatte ein
ſchwarzes Weibsbild zur Bedienung und
Führung ſeiner Haushaltung, und auch noch
einen Sclaven, welchen letztern ich um 45.
Thaler von ihme einhandelte. Das erſt erwehnte ſchwarze Weibsbild hätte ich nun
auch gerne von ihme kaufen wollen; es ware
aber ſolches, weil ſie frey geweſen, nicht thun-
lich. Und ob ich ihro ſchon viele gute Worte
gabe, wollte ſie doch nicht bey mir bleiben.
Ich wußte aber bey einem Maurer, welcher
mein Landsmann, und von Welzheim, im
Württenbergiſchen gebürtig ware, eine andere Sclavin, welche gut holländiſch reden,
und mit dem Kochen, beſonders vor die Deut-

K 2 ſchen,

schen, wohl umgehen konnte. Diese, weil
sie schon ziemlich alt, und schlecht von Ansehen ware, kaufte ich nur um 25. Thaler.
Als nun mein Kamerad abgeseegelt ware, so
sprach ich seine bishero gehabte Kostgänger an,
daß sie bey mir bleiben sollten, welches sie auch
gethan, und haben sich über diese noch viele
andere bey mir eingefunden, so daß ich täglich 15. bis 16. Mann zu speisen hatte. Jeder von ihnen gabe mir des Monats 4. Thaler; und wollte jemand nur vor ein oder zwey
Doppelgen, (deren einer bey uns so viel als
ein Bazen oder guter Groschen ist) bey mir
zu essen haben, so gabe ich es ihme auch.
Unter andern zapfte ich auch africanischen
Wein und holländisches Bier, aus. Das
Bouteille kostete, darnach es groß oder klein
gewesen, zwey, drey, auch vier Schillinge.
(Eine Bouteille hält ohngefehr ein halbes
Schoppen, hiesiges Maas, und ein Schilling ist so viel als bey uns drey gute Groschen
oder drey Bazen.) Ich brauete auch selbsten
Bier, aber, wie mein abgereißter Kamerad,
nur von Zucker und bittern Kräutern. Solches kochte ich in einem Kessel, wovon ich 100.
Bouteillen füllen konnte, deren ich jede um
2. Kreuzer verkaufte. Der Zucker und die
Kräuter aber kosteten mich nur ohngefehr 3.
gute Groschen oder so viele Bazen. Morgens frühe um sechs Uhr mußte ich, wie gesagt, allezeit in der Werkstatt seyn; dahero
gabe

gabe ich meinen Sclaven Geld, daß sie vorhero auf den Markt gehen, und allerhand
Eßwaaren, als Milch, Fleisch, Fische,
Hüner, und Gartengewächse, einkaufen
konnten. Um die Mittags-Zeit, wann ich
wieder von der Arbeit nach Haus kame, hatte ich genug zu thun, um den Gästen aufzu-
warten, und von ihnen das Geld einzuneh-
men; wiewohlen es in Ostindien eben so viele,
oder noch mehrere Lumpen, als bey uns, gibt;
und habe ich manches aufgeschrieben, auch
besage meines Buches, noch bey hundert
Thaler Schulden zurückgelassen, welche ich
demjenigen, der Belieben träget hinein zu
reisen, herzlich gerne überlassen und verehren will, und beliebe man sich nur dißfalls bey
mir in Münster bey Cantstatt zu melden.

Ich ware kaum 3 Wochen auf dieser Herberge, da konnte ich schon meine Sclaven
bezahlen, und kaufte über diese noch einen
jungen Purschen vor 45. Thaler. Ein halbes
Jahr nach der Abreise meines Kameraden,
ist die betrübte Zeitung in Batavia eingelau-
fen: daß kein einiges Schiff von der leztern
Flotte an dem Cap de bonne Esperance angekommen seye. Dahero hier gleich dafür
gehalten wurde: daß die ganze, aus sieben
Schiffen bestehende Flotte, welche insgesamt
miteinander abgefahren, durch einen grossen

K 3 Sturm

Sturm in der unbekannten Sud (**) versun-
ken seyn müsse; welches auch andere Schif-
leute, die nach diesem Unglück durch die Sud
gefahren, und nachhero allhier angekommen,
dahin bekräftiget haben: daß sie noch die
Stücke von denen Schiffen haben schwimmen
gesehen. Ein dergleichen betrübter Zufall
eräugnete sich auch in dem vorhergehenden
Jahr, da eine ganze, aus 17. Schiffen bestehende Flotte, welche insgesamt vor Anker lagen, und sich mit Wasser und Proviant
versehen wolten, an gedachtem Cap de bonne Esperance durch ein Seebeben, (**) bis
auf

(*) Von der unbekannten Sud, oder Terra australi incognita haben wir bereits in der 2ten Anmerkung S. 39.
gehandelt, wohin wir den Leser verweisen müssen.

(**) Seebeben und Erdbeben sind eigentlich einerley, oder
haben vielmehr einerley Ursache, und werden von denen
meisten einem unterirdischen Feuer, das sich von selbsten
entzündet, und das die in denen Höhlen und Klüften der
Erden befindliche Luft sehr presset, zugeschrieben. Die
Gewalt des unterirdischen Feuers kan etwann das eine
mal mehr gegen das feste Land, das andere mal aber mehr
gegen die offenbare See wirken, und seinen Ausbruch
suchen; und daher können die verschiedene Namen ent-
stehen. Unser Erdboden ist von brennbaren Materien
angefüllet, und es befinden sich in seinen Eingeweiden
genugsame, sich selbsten zu entzünden fähige, oder einen
heftigen Schlag, (wie bey dem Schießpulver,) verur-
sachende Theile, als Schwefel, Salpeter, Salmiak,
gemeines Salz, Erdpech, Erdöl, Steinkohlen ꝛc. ꝛc.

Das

auf ein einiges Schif, welches hart unter dem Tafelberg (s. S. 31.) vor Anker lag, und das allein diese betrübte Zeitung nach Holland mit= gebracht, untergegangen, also 8. Schiffe in das Wasser begraben worden. Morgens früh um drey Uhr kam ein starker Wind aus Süd= Osten, und ware dabey ein starkes Wühlen in dem Wasser, so daß Centner=schwere Steine von dem Grund, bis oben auf das Wasser geworfen wurden. Durch diese grausame Gewalt und heftiges Wühlen der Wellen wurden die Anker=Seile abgerissen, ein Theil der Schiffe aneinander getrieben,

K 4 der

Daß auch in dessen Mittelpunct ein beständiges Feuer würk= lich brennen müsse, das bezeugen eines theils die viele warm fliessende Bäder und Quellen, andern theils aber die grosse Menge von feuerspeienden Bergen, davon ich nur die berühmteste europäische, den Vesuv in Neapel, den Aetna in Sicilien, den Hekla in Ißland, den Stron= gylus auf einer der liparischen Inseln, an der Nordseite von Sicilien, und den Chimära=Berg in Griechen= land, zum Beweiß anführe. Ja, wann man alle diese Luftlöcher des unterirdischen Feuers in denen vier Welt= theilen zusammen rechnen wolte, so ist die Zahl von hun= derten noch lange nicht hinlänglich. s. den Physicalisch= oeconomischen Patrioten, 1sten Theil, S. 70.

Es ist also sicher und gewiß: daß der ganze Erdboden von einem immerwährenden Feuer durchgeglühet wird, und daß die Quellen desselben vielleicht tiefer verborgen sind, als unser Verstand in diese geheime Werkstatt der Natur hinein zu sehen vermögend ist.

Auch

der andere Theil an dem Land oder Stein-
Klippen, so in dem Wasser stehen, zerschmet-
tert, und also zu Grund gerichtet. Von
diesen untergesunkenen acht Schiffen haben
sich nicht weiter, als etlich und dreyßig Mann,
die sich auf Stücke Holz gesezt, und den
Sturm ausgewartet, retten können, welche
nachmals, als das Ungewitter vorbey ware,
mit kleinen Schiffen abgeholet wurden.

Unter-

Auch ist es aus diesen Gründen wohl begreiflich: wie unsere
Erde einmal ihren Untergang durch Feuer finden, wie
die Elementen vor Hize zerschmolzen, die Erde und die
Werke, die darinnen sind, verbrennen, und wie endlich alles in einen Aschenhaufen zusammen fallen werde.
2. Petr. III. 10. 12. Dann durch Wasser wird die Welt,
nach GOttes Verheissung, 1. B. Mos. IX. 11. 15. nicht
mehr verderbet werden, folglich muß es durch Feuer geschehen, welches das schicklichste Element ist, das zur
Reinigung und Läuterung unserer unter dem Fluch lie-
genden Erde, erfordert wird. Man lese von dieser Materie den schönen Tractat: Frischens (Jodoc. Leonh.)
die Welt im Feuer, oder das wahre Vergehen und
Ende der Welt durch den lezten Sünd-Brand, mit
12. illuminirten Kupfern, 4. Sorau 1746.

Wer von der Möglichkeit, daß sich ein Feuer selbsten entzünden könne, überzeuget werden will, und gerne ein
künstliches Erdbeben sehen möchte, der mische eine gewisse Menge Schwefel und Eisenfeilstaub wohl untereinan-
ander, und grabe es in einem Topf in die Erde. Nach
einigen Stunden wird sich diese Masse entzünden, über
sich zur Erde heraus fahren, und solche weit um sich werfen. s. den Naturforscher, St. 2. Leipzig 1748.
S. 196.

Unterdessen ist immer eine Zeit nach der andern verflossen. Weil nun meine fünf jährige Capitulation zu Ende gegangen, so kame mir die Lust an, Europa auch wiederum zu sehen. Da es nun alljährlich in dem Monat August gebräuchlich ist, diejenigen, deren Capitulation sich geendiget, und die wieder nach ihrem Vaterland zurück kehren wollen, los zu lassen, und ihnen ihren Abschied zu ertheilen, so ergrief ich diese Gelegenheit, und gabe, der Gewohnheit nach, meinen Nahmen ein, bekame auch darauf den folgenden Monat September zu meinem grösten Vergnügen denselben. Nachdeme ich nun solchen erhalten, so verkaufte ich allen meinen Hausrath, und was ich sonsten noch hatte, wie auch meinen Sclaven, (dessen ich S. 147. erwehnet habe,) welchen nachmals Johannes Schlecht, ein Zimmermann, von Echterdingen im Würtembergischen gebürtig, von mir übernommen. Meine alte Sclavin hingegen, (s. S. 147. f.) welche ich bey Führung meiner Oeconomie bishero getreu erfunden, und grossen Nutzen von ihro verspühret hatte, gabe ich zur Dankbarkeit vor ihre getreue Dienste, völlig frey.

Auf gedachter meiner Herberge habe ich, in einer Zeit von 9. Monaten, ein schönes Stück Geld zusammen gesammlet und gewonnen, vor welches ich bey 20. Centner Thee, und bey 200. Stück Meerrohre, al-

K 5 lerhand

lerhand Zitz, Mouselin, Porcellain, und
sonsten noch andere Indianische Waaren, (*)
welche ich in mein Vaterland mit mir nehmen wollte, einkaufte; jedoch aber hielte ich,
bis zu meiner Abreise, die Herberge annoch
offen.

Nun könnte ich zwar noch von vielen und
mancherley Begebenheiten, die sich während
meines sechsthalbjährigen Aufenthalts in
Batavia zugetragen haben, Nachricht ertheilen. Ich muß aber des Lesers sowohl als auch
meiner eigenen Gedult, schonen. Da ich
mich jedoch bereits oben (S. 145.) verbindlich
gemacht habe, von der erschrecklichen Niederlage, welche die treulose Chineser den 11.
October 1740. von denen Holländern erlitten
haben, eine ausführliche Nachricht zu ertheilen; so entlade ich mich hiemit meines getha-
nen Versprechens, und schreite nunmehr-
zu dieser wichtigen Erzehlung.

Da die Stadt Batavia sowohl, als auch
das ganze Land, worinnen die Holländer zu
gebiethen hatten, ziemlich voll von Chinesern
und andern Leuten ware, welche sich, wegen
ihrer grossen Menge, fast nicht mehr erneh-
ren konnten; so haben sich viele derselben auf
das Stehlen geleget. Wie dann solches die
tägliche Erfahrung bewiesen hat, daß bald da,
bald

(*) Mit diesen Waaren ist es unserm Autor, wie am Ende dieser Reisebeschreibung zu ersehen seyn wird, sehr
kinderlich ergangen.

bald dorten gewaltſam eingebrochen, ja ſo-
gar die Leute in ihren Häuſern umgebracht
worden ſind. Dieſem Uebel nun abzuhelfen,
hat die Regierung die Chineſer ſo hart in der
Contribution gehalten, daß ſie auch mehreres, als andere, an Geld haben zahlen müſſen. (Man gibt aber dem geizigen General
von Valckenier die Schuld, daß er hierinnen ſeine Ordre überſchritten, und vielleicht
zu ſeinem eigenen Nuzen, mehreres Geld
erpreſſet, als die Regierung verlanget
habe.) Ueber dieſes hat der General, in
Hofnung, dieſe üble Gäſte entweder aus der
Stadt, oder gar aus dem Lande zu vertreiben,
ſeinem Gewaltiger und deren Caffers, (deren erſterer ein Stadtknecht, lezterer aber ſeine Diener ſeynd,) mit dem ausdrücklichen
Befehl auf das Land geſchickt: daß, wo ſie
einen Verdächtigen ſähen, welcher ſchlecht
gekleidet ſeye, und ſie von ihme glaubten,
er ſeye nicht im Stande, ſein angeſeztes Con-
tributions-Geld aufzubringen, denſelben
gleichbalden gefangen zu nehmen, und auf
das Stadthaus zu bringen; welchem Befehl
ſie auch nachgekommen, und oftmalen 2. bis
300. derſelben zuſammen gebracht haben.
So oft nun eine ſolche ſtarke Anzahl vorhanden
ware, ſo wurden ſie, (ihrer Weiber und Kinder, Häuſer und Höfe ohnerachtet, welche
ſie zurück laſſen mußten) in einem Schif auf
ein anderes Land geführet. Dieſes Verfah-

ren

ren aber gefiele den Chinesern gar nicht wohl,
und waren solche sehr ungedultig hierüber;
wie sie dann nachmals auf allerhand Mittel
bedacht waren, sich von dem holländischen
Joch loß zu machen. Ihr verteufelter Anschlag ware: alle Christen auf einen Tag nie-
derzumezeln, und mit ihnen eine sicilianische
Vesper zu spielen; zu welchem Ende ein kai-
serlicher unächter Prinz von China mit einer
starken Mannschaft in der Stille angekommen, der Hoffnung lebend, unter denen Chinesern zu Batavia einstens König zu werden.
Die in der Stadt wohnende Chineser
(s. S. 50.) wurden damalen auf 12000. die
ausser selbiger und auf dem Lande wohnende
aber auf 70000. Mann geschäzet, welche leztere sich heimlich zusammen gezogen, und mit
denen Truppen des oben erwehnten chinesischen Prinzen sich vereiniget hatten. Diese
stunden nur noch 5 bis 6 Stunden weit von
der Stadt, und gedachter Prinz führete das
Commando über sie. Alles dieses erfuhren
nun zwar unsere Herren in Batavia sogleich;
es wußte aber doch noch niemand, was die
Chineser eigentlich im Sinn hätten, bis endlich die ganze Sache den 1sten October 1740.
folgender gestalten entdeckt worden:

Es wurde nemlich ein Brief, so von dem
erwehnten Prinzen an den Capitain der Chineser in der Stadt geschrieben ware, unter
dem Neuport aufgefangen, des Inhalts:

ſ

er möchte nur einen gewissen Tag und Stunde
bestimmen, wann er mit dem Niedermetzeln
der Christen den Anfang in der Stadt machen wollte, damit er sich auf dem Felde darnach richten und ihnen zu Hülfe kommen könnte. Zu besserer Ausführung nun ihres Vorhabens, auch wie und auf was Art und Weise
sie das Werk angreifen solten, gabe ihnen
gedachter Prinz darinnen unterschiedliche
Vorschläge an die Hand. Der erste ware:
Sie, nemlich die Chineser in der Stadt,
solten fünf Todenbahren verfertigen, und
auf eine gewisse Stunde und Minute alle fünf,
jede zu einem besondern Thor, (dann so viel
Thore hat die Stadt, s. S. 49.) hinaus
tragen lassen. Diese möchten sie vorhero (in
Ermanglung des Schießgewehrs, welches
sie zu führen nicht gewohnet seyen,) mit allerhand anderem Gewehr, als Degen und Mes-
sern anfüllen; dabey müßten sich alle Chineser
einfinden, und sich, als ob sie mit der Leiche
giengen, verstellen. Wann sie nun unter
die Thore mit denen vermeinten Toden gekommen, so sollen sie, ihrer Gewohnheit nach,
vorgeben: sie wolten noch einmal mit denen-
selben reden, die Bahren eröfnen, ein jeder
ein Gewehr heraus nehmen, und sogleich die
Soldaten, (deren jederzeit zu Haltung der
Tag- und Nacht-Wache 100. bis 150. Mann
dahin commandiret seyn,) damit umbringen,
nachmals auf die Bürger losgehen, und ihnen gleiche Ehre anthun.   Der

Der zweyte Vorschlag ware: Sie solten
nemlich 15. bis 20. Weiangen, (von welchen,
wie sie gehalten werden, oben S. 79. schon
einige Anregung gethan worden,) bey der
Nacht anstellen, alle Chineser sich dabey einfinden, und auf eine gewisse Stunde oder
Minute einen Ausfall thun; alsdann die
Wachen an denen Porten zuerst angreifen,
solche niedermachen, und nach diesem auch
die Herren und Bürger tod schlagen. Dieses
Unglück aber hat GOtt gnädiglich von uns
abgewendet, und uns aus ihren Fallstricken
errettet; wie dann der General, so bald er
Nachts um 11. Uhr den Brief erhalten, alle
Räthe zu sich in das Castell kommen lassen;
den folgenden Morgen darauf als den 2ten
October wurde allen Compagnie-Dienern an-
befohlen: daß sich keiner unterstehen solle,
bey der Nacht ausserhalb der Stadt zu schlafen. Den 3ten d. M. bekamen alle Handwerksleute und Schreiber Flinten, Degen,
und Patrontaschen, mit dem gemessenen
Befehl: des Nachts mit Ober- und Unter-
Gewehr fleißig in der Stadt hin und wieder
zu patrouilliren, und gute Wache zu halten.
Den 4ten d. M. wurden 100. Mann europäische Soldaten, und 200. Japaner und Bockenesen commandiret, die chinesische Armee
auf dem Feld aufzusuchen, welche auch den
5ten darauf Nachmittags in grösten Freuden
mit Pfeifen und Trommeln aus der Stadt
gezogen,

gezogen, und in dunkel-düſtrer Nacht bey einer Zuckermühle, ſo 5. Stunden weit von
der Stadt entlegen, und mit einer Horn-
Mauren wohl verſehen iſt, angelanget ſind.
In dieſer hielten ſich viele Chineſer auf. Als
ſie aber erfuhren, daß Feinde vorhanden,
flohen ſie davon zu ihrer Armee, und gaben
ihrem Prinzen hievon Nachricht. Da nun
unſere Leute ſahen, daß ſie ihnen eine groſſe
Furcht durch ihre Ankunft eingejaget, nahe-
ten ſie ſich gedachter Zuckermühle noch meh-
rers; und da es ſehr ſtark regnete, vermeinten ſie, ganz ſicher darinnen zu ſeyn und ruhen
zu können; deßwegen hielten ſie auch ſchlechte
Wache, und glaubten nicht, daß ſie von denen Chineſern überfallen werden möchten;
allein ſie betrogen ſich in ihrer Meynung gar
ſehr, indeme jene, die Chineſer, in der Stille
anrückten, gedachte Zuckermühle umringe-
ten, und die 100. Mann Europäer, wie
auch die nebſt ihnen commandirte 200. Japaner und Bockeneſen, (welche beyde leztere, ob ſie gleich auch Heyden waren, dannoch in
Holländiſchem Sold geſtanden,) dergeſtalten niedergemacht, daß auch zu theuerſt kein
einiger von denenſelben mit dem Leben davon
gekommen, welcher nur hätte melden können,
wie es bey dieſer Maſſacre zugegangen wäre.
Wir in der Stadt glaubten nicht anderſt,
als daß dieſe 300. Mann gute Progreſſen
machten; ſchickten deßwegen den 6ten d. M.

Pro-

Proviant nach, und liessen durch unsere Leute
nachsehen, wie es mit ihnen stünde? Als sie
aber bey oben gedachter Zuckermühle angelanget, siehe so fanden sie bald einen Kopf,
bald einen Arm, bald einen Fuß von ihren
Kameraden, trafen aber keinen lebendigen
Menschen mehr in der Mühle an.

Die folgende Nacht darauf, als den 7ten
October, ist abermalen unsere Wache, in
21. Mann bestehend, auf der sogenannten
Qual, so nur eine Stunde weit von der
Stadt entlegen ist, von denen Chinesern,
bis auf einen Feldwaibel und dessen Weib,
welche diese Nachricht nachmals in die Stadt
brachten, ermordet worden. Den 8ten d.
M. darauf mußten alle äussere Posten oder
Wachen, so mit keiner Mauer und Geschütz
versehen gewesen, sich in die Stadt zurück-
ziehen. Nebst deme wurden alle Soldaten,
400. Mann stark, aus dem Castell commandiret, und statt dieser andere 400. Mann,
welche aus Kaufleuten und Schreibern be-
stunden, hinein gelegt. Mit diesen 400.
Mann Soldaten vereinigten sich auch noch deren 200. so bishero die Porten verwacht hatten, ingleichem 300. Mann freywillige Handwerksleute; 80. Bürger zu Pferd, des Generals Garde von 70. Mann, wie auch bey
400. Mann Japaner und Bockenesen, welche zwar kein Schießgewehr, sondern nur bey
zwölf Schuh lange Piken hatten; also machten

ten wir zuſammen eine kleine Armee von 14
bis 1500 Mann aus, welche der Hr. v. Imhof
und Hr. Arden commandirte. Als wir uns
nun verſammelt hatten, wurden wir in das
Feld commandirt, um die Chineſer, welche
auf 70000 Mann geſchätzt worden, aufzu-
ſuchen. Dieſe lagen ſechs Stunden weit
von der Stadt hinweg in einem dicken fin-
ſtern Wald; wir aber lagerten uns auſſerhalb
demſelben. Wir waren unſrer Seits zwar
wohl mit Stücken verſehen; konnten aber,
weilen die Chineſer ſich nicht aus dem Wald
wagen wollten, nichts damit ausrichten;
und wenn auch ſchon eine Partie ſich her-
ausbegab, ſo koſtete es doch wenigen von
ihnen das Leben, weil ſie, ſo bald ſie unſere
Stücke losbrennen ſahen, gleichbalden auf
die Erde niederfielen, folglich ſind alle unſere Kugeln, ohne einige Wirkung, leer
über ſie hinweggefahren. Oftmals geſchahe
es auch, daß ſie in groſſer Menge aus dem
Wald kamen, gleich als ob ſie in gröſter
Eil auf uns zu- und ſich mit uns ſchlagen
wollten; ſo bald aber unſere Reuter auf ſie
zugejaget, haben ſie ſich gleich wieder in denſelben zurückgezogen. Wen unſere Leute
noch erhaſchen konnten, den hieben ſie mit
ihren groſſen Säbeln nieder, und nahmen
auch denen Chineſern 14 Fahnen ab. Es
wurde auch unter andern durch einen öffentlichen Trommelſchlag kund gemacht, daß,

wer

wer den chineſiſchen Prinzen lebendig oder
tod liefern könnte, demſelben ſollten erſtern
Falls 1000, tod hingegen 500 Thaler zur
Vergeltung gereichet werden. Allein dieſer
ließe ſich niemalen auſſerhalb dem Wald ſehen, ſonſten gewiß ein mancher, um ihn ſelbſt,
und den auf ihn geſetzten Preis zu erhaſchen, ſein Leben daran gewagt hätte. Wir
waren nun ſchon bey 14 Tage lang in dem
Feld, und machten alle Tage eine gute Anzahl von den Chineſern nieder; von unſern
Leuten hingegen wurden nicht weiter, als
ein einiger Bürger, ſo lange wir auch in
dem Feld ſtunden, todgeſchlagen; und dieſer ware auch ein Würtenberger, ein Maurer, von Welzheim gebürtig. Derſelbe
ware etwas verwegen, und glaubte vor andern groſſe Thaten zu verrichten, wann er
ganz allein auf ſeinem Pferd unter die Chineſer ritte. Als er nun in dem Begrif
ware, einem ſeine Fahne abzunehmen, ſiehe,
ſo kame ein anderer, und ſtache ihn mit ſeiner Pike durch den Rücken, ſo, daß er, ob
er er ſchon mit dieſer Fahne wiederum bey
uns anlangte, eine halbe Stunde darauf
ſeinen Geiſt aufgeben mußte. Die chineſi-
ſche Armee hatte viele hölzerne Stücke bey
ſich, welche ſie von groſſen dicken Bäumen
zubereiteten. Sie bohreten nemlich ſolche,
gleich denen Bronnenteicheln, aus, und be-
ſchlugen ſie durchaus mit groſſen eiſernen
Rin-

Ringen, konnten aber, weil es die meiste
Zeit über regnete, nichts damit ausrichten.
Von diesen Stücken eroberten wir einige,
welche wir nach Holland gesandt haben. Unterdessen hatten wir an Lebensmitteln niemalen
keinen Mangel; wie wir dann mit Rindvieh,
Schweinen und Geflügeln, welche nach und
nach denen Chinesern von denen unsrigen
hinweggenommen worden, genugsam versehen waren. Ueberdies verbrannten wir
auch alle ihre Häuser, Zuckermühlen und
Reismagazine, damit sie sich auf dem Land
nicht mehr erhalten könnten.

Nunmehro aber will ich mich von dem
Felde wiederum nach der Stadt wenden,
und kürzlich beschreiben, was sich darinnen
zugetragen hat. Daselbsten wurde nun den
8ten d. M. der Befehl publiciret: daß von
denen Chinesern nicht mehr zwey oder drey
auf der Strasse miteinander reden, sondern
sie insgesammt Abends um 6 Uhr in ihren
Häusern seyn, jeder seine Thüre und Läden
geschlossen halten, und, die Nacht über, niemand kein Licht oder Lampen brennen sollte.
Durch die Stadt-Porten wurden auch keine Chineser mehr aus- und eingelassen. Den
9ten d. M. eräugnete sich weiter nichts son-
derliches, als daß wir Tag und Nacht über
fleissige Wache halten mußten, damit uns
unsere Feinde nicht überfallen möchten. Den
10ten d. M. Abends um 7 Uhr, kamen die

Chi-

Chineser, so in der Vorstadt wohnetem mit
einem unerhörten Geschrey und fliegenden
Fahnen, mit Pfeifen und küpfernen Becken,
(welche sie anstatt der Trommeln, gebrauchen,) vor dem Tiß-Port an, und wollten
mit Gewalt in die Stadt einfallen. Damit
nun der Lermen in derselben zugleich gröſ-
ser werden sollte, zündeten sie selbsten ihre
eigene Häuser in der Vorstadt an, in der
festen Zuversicht: daß, wann ihre Kameraden in der Stadt solches alles sehen und
hören würden, sie zugleich auch ausfallen,
und die Christen umzubringen trachten würden. Sie betrogen sich aber in ihrer Meynung, indeme, wie erwehnet, vorhin schon
das Verbot an sie ergangen, daß keiner
mit dem andern reden, noch bey der Nacht
sich sehen lassen sollte, mithin, weilen keiner aus dem Haus zu gehen, sich getrauete,
so kamen sie auch in diesem Stück nicht miteinander überein, und giengen, auf Seiten
ihrer, durch die göttliche Vorsehung und
die vortrefliche gemachte Gegenanstalten, alle
ihre gottlose Anschläge den Krebsgang. Unterdessen säumete sich unser Edler Herr von
Inthof auch nicht, sondern liesse sogleich alle
Stücke auf der Stadtmauer mit kleinen
Bleykugeln laden, und unter die hier an-
prellende Chineser ablösen. Als sie nun gesehen, daß viele von ihnen zu Boden gefallen, so haben sie sich wieder von der Stadt
hin-

hinwegbegeben; unterdeſſen aber ſind viele
Häuſer in der Vorſtadt abgebrannt. Den
11ten d. M. Morgens früh um 8 Uhr, da
ſchon in die Kirche gelitten wurde, (weilen es
Sonntag ware,) gieng darauf das Morden in der Stadt an; und zwar wurde
hierzu der Anfang durch einen Matroſen
gemacht, welcher auf der Vierkante einen
Chineſer tod geſchoſſen. Hierüber entrüſte-
ten ſich die übrigen Chineſer, und wollten
ſich dareinlegen, konnten aber, ob ſie ſchon
in einen ſcharfen Scharmützel mit denen
Chriſten gerathen, und ſie einander faſt auf
den Tod geſchlagen, dannoch nichts ausrichten, indeme, ſo bald hievon die Nachricht an den Herrn General und den Herrn
von Imhof gelanget, ſogleich die gemeſſene
Ordre und Befehl an die Chriſten gegeben
wurde: alle Chineſer in der Stadt ohne
Unterſchied, und ohne einiges Bedenken
tod zu ſchlagen, oder zu ſchieſſen. Die Matroſen machten hierinnen den Anfang, ſtieſ-
ſen und hieben die Thüren und Läden an
denen Häuſern auf, ſchlugen alle Chineſer,
wo ſie nur einen erblicken konnten, zu tode,
und raubeten alles hinweg; jedoch aber hatte man ein Einſehen mit denen Weibern
und kleinen Kindern, als welche man bey
Leben lieſſe. Um 9 Uhr ſchickte der Herr
General auch zu uns in das Handwerks-
quartier, mit ebendemſelben Befehl: daß
wir

wir alſobald mit geſammter Hand ausrük-
ken, und alle Chineſer in der Stadt niedermachen ſollten. Dieſes ware nun Waſſer
auf unſere Mühlen; und, um eine gute
Beute davon zu tragen, wollte ein jeder
der erſtere im Marſchiren ſeyn. Hierauf
gienge das Metzeln an. Die Zimmerleute,
welche Aexte bey ſich hatten, mußten Thüren und Läden hineinſchlagen; diejenige
aber, welche mit Gewehr verſehen waren,
mußten in die Häuſer gehen, und die Chineſer maſſacriren. Ich ſelbſten mußte auch
mitmachen. Und da ich wohl wußte, daß
mein nächſter Nachbar, ein Chineſer, ein
fettes Schwein hatte, ſo wollte ich ſolches
bey dieſer Gelegenheit mitlaufen laſſen, und
in mein Haus bringen. Als aber der Meiſter Zimmermann ſolches geſehen, gab er
mir einige Streiche mit dem Stock, und
ſagte: ich ſollte zuerſt die Chineſer todſchla-
gen, und alsdann erſt rauben. Ich nahm
dahero, in Ermangelung einigen andern
Gewehrs, ſogleich einen Reisſtampfer, welcher aus einem langen Stück Holz, eines
Arms dick, beſtunde, und ſchluge damit
meinen Nachbar, mit welchem ich vorhero
zum öftern geeſſen und getrunken hatte, tod.
Dieſes, ob es mir ſchon erſchröcklich vorge-
kommen, mußte ich dannoch wider meinen
Willen, indeme mein Vorgeſetzter an der
Thüre ſtunde, verrichten. Als ich ihne
nun

nun umgebracht, gienge ich in seine Kammer, und fande daselbst einen Pistol; diesen nahm ich; und weilen ich noch viele von
Pulver und Bley gemachte Patronen hatte, welche eben recht darein taugten, so
gienge ich weiters, und schosse damit alles
tod, was ich nur antrafe, und was einem
Chineser gleich sahe. Da ich nun deren
zwey oder drey umgebracht hatte, so ware
ich des Metzelns schon gewohnet, und
machte ich mir auf die Letzte eben so wenig
ein Gewissen daraus, ob ich einen Chineser
oder einen Hund todgeschlagen hätte.

Mittags um 1 Uhr geriethe die
Stadt an dreyen Orten in den Brand,
welchen die Chineser, weilen sie gesehen,daß
keine Pardon für sie vorhanden wäre, ver-
ursachten. Sie wollten sich dahero lieber
selbsten in ihren eigenen Häusern verbrennen, als in unsere Hände fallen; wie dann
der meiste Theil auf solche Art sich um das
Leben gebracht, oder sich öfters ihrer 5 bis
6 an einem Balken selbsten erhenkt haben.
Ja ich habe mit meinen Augen gesehen,daß
wann ein Haus unten gebrannt hat, sie
sich von oben herunter in das Feuer gespren-
get, und also verbrannt sind. Einige haben sich selbsten, auch ihren Weibern und
Kindern, die Kehlen abgeschnitten, oder ihnen ein Messer durch das Herz gestossen,
welches einen erschröcklichen Anblick gabe.

L 4 Dies

Dieſe völlige Nacht über hatten wir genug zu thun, nur daß wir die Häuſer der
Chriſten mit denen Brandſpritzen vor denen
wütenden Flammen retteten; wie dann auch
Deren keines zu Grund gegangen iſt. Den
12ten d. M. währete das Brennen und
Morden noch beſtändig fort; und als wir
in die Behauſung des chineſiſchen Capitains,
der bishero das Commando über ſie geführ-
ret, eintraten, lieſſe er ſich in Frauenkleidern
ſehen, und meynete, wir ſollten ihne unter
dieſer Larve nicht kennen; es waren aber
doch etliche unter uns, die ihn erkannten.
Hierauf wurde er als ein Gefangener auf
das Caſtell gebracht, und daſelbſt verwa-
chet. Allda lieſſe er ſich verlauten: daferne
man ihne wieder loslieſſe, wollte er einem jeden von denen Chriſten, die ſich in Batavia befinden, 100 Thaler geben. In ſeinem Hauſe wurden 4 eiſerne groſſe Kiſten
mit Geld gefunden. Zwo davon wurden
durch Matroſen, Handwerksleute und
Sclaven beraubet, und nahme ein jeder ſo
viel davon, als er tragen konnte; die übrigen zwo Kiſten aber wurden ins Caſtell gebracht, und bekamen alle diejenigen, ſo in
der Compagnie Dienſten waren, jeglicher
10 Rthlr. davon. Doch ſagte er: das
wollte er alles nicht achten, wann ſie ihn
nur loslieſſen; er wollte jedennoch einem jeden Chriſten die oben erwähnte angebotene

100 Thaler zahlen; dann er hatte auſſer der Stadt ſchöne Luſtgärten, allda er, ſeinem Vorgeben nach, noch vieles vergraben hätte.

Die Chineſer hatten auch einen Spital, allwo ſich ihre Arme und Kranke aufhielten. Dieſe mußten wir auch alle tod machen, bis au zween Blinde. Auf dem Stadthauſe befanden ſich auch noch bey 200 Gefangene; auch dieſe mußten wir alle todſtechen, als wann ſie keinen Schuß Pulver mehr werth geweſen wären.

Den 13ten d. M. ware der Brand und das Morden vorbey, und da war auch kein lebendiger Chineſer in der ganzen Stadt mehr zu finden; alle Wege und Straſſen lagen voll von toden Körpern; das Waſſer war auch dergeſtalten von Toden angefüllet, die mit der Ebbe und Fluth hin und her getrieben wurden, daß man trockenen Fuſſes über ſie hätte laufen können. Sie verurſachten aber einen ſolchen erſchröcklichen Geſtank, daß man in der Stadt faſt nicht mehr bleiben kunnte. Als nun das Morden und Brennen ein Ende hatte, und alles vorbey war, mußten wir Handwerksleute wider in das Quartier. Da wollte ich nur ein Kiſtlein mit Thee, 60 Pfund ſchwer, mit in mein Haus nehmen. Als aber dieſes der Meiſter Zimmermann, der ein Holländer, und denen Deutſchen nicht

L 5 gün-

günstig war, sahe, nahm er mir solches
wieder ab, und brachte mich in das Ge-
fangnenhaus; woselbsten sich alle gefangene
Sclaven und Christen, die etwas begangen haben, befinden. Allda müssen sie 3,
6, 10 bis 20 Jahre, paarweise an einer
Kette zusammengeschmiedet, herumlaufen,
und arbeiten. Mir widerfuhr auch die
unerwartete Ehre, daß ich acht Tage lang
mit beyden Füssen in einen Block gespannet
wurde; dann der Meister Zimmermann
glaubte, ich hätte die ganze Zeit über sonsten nichts gethan, als geraubet, ohnerachtet ich zwey ganzer Tag und Nacht mein
Haus nicht gesehen hatte; dann ich war der
Meynung, (obschon Silber / Gold und
Geld in der Menge und Ueberfluß da gewesen,) wann die Leute tod wären, hernach könnte ich erst auch mein Glück machen; so bald aber die Chineser tod, und
ihre Häuser abgebrannt waren, so war
auch keine Beute mehr zu hoffen; mithin
habe ich unschuldig leiden müssen, weilen
ich nichts davon getragen habe. Gegen-
theils ist mir während meiner Gefangen-
schaft, noch vieles aus meinem Haus gestohlen worden. Diejenigen aber, die ihren Vorgesetzten nicht gehorchet, und nur
dem Raub nachgegangen, die haben sich
unsägliche Reichthümer erworben.

Unter

Unter der Zeit als ich gefangen ſaß, wurde wieder Pardon unter die Chineſer aus-
geſchrieben, weilen unſere Herren ſahen, daß
die Handelſchaft ganz darnieder lag, und
auch die Koſt Noth litte. Was man ſonſten für einen Schilling erkauft, mußte
man nach der Hand mit 10 Schillingen bezahlen; welche Chineſer aber wieder kamen,
denen gab man Häuſer in der Vorſtadt,
und konnten ſie frey handeln und wandeln,
wie ſie wollten. Sie blieben aber keine acht
Tage bey uns, da giengen ſie wieder zu ihren Kameraden. Hierauf wurde ein Galgen bey dem Stadthaus aufgerichtet, und
wo man nur einen auf dem Felde antraf,
den führte man ſogleich in die Stadt, und
zu dem Galgen, allda manchen Tag 10,
20 bis 30 aufgehenket wurden. Unſere Leute, die in dem Felde geſtanden, kamen auch
wieder in die Stadt, weil ſie daſelbſten nicht
viel mit ihnen ausrichten konnten. Nachdem ich aus dem Gefängniß kam, geſchah
mir weiter nichts, als daß ich wieder in
meiner vorigen Werkſtatt arbeiten mußte.
Ich verkaufte noch immer Koſt, Wein und
Bier. Wann Matroſen zu mir kamen, die
viele Beute gemacht hatten, und die etwan
ſo viel als einen Batzen verzehret hatten,
gaben ſie mir einen Ducaton *). Wann
ich

*) Ducaton iſt eine holländiſche oder ſpaniſche
Silbermünze, die 3 holländiſche Gulden gilt.

ich ihnen das übrige hinausgeben wollte,
ſagten ſie: ich ſolle es nur behalten; ſie mögen dem bisgen Geld zu liebe nicht ſo lange warten, bis ich es zählte. Da machte
ich zwar wohl einen guten Gewinſt; aber
ich hatte es auch höchſtnöthig, weilen mir,
ſo lange ich in dem Gefängniß lag, mein
Ziz, Mouſſelin, Porcellain, und was ich
ſonſten noch koſtbares hatte, um ſolches in
mein Vaterland mit mir nehmen zu können,
alles aus meinem Haus geſtohlen wurde, ſo
daß ich nichts mehr, als noch bey 20 Centner Thee hatte, davon ich den Centner um
10, 15, 20, auch 30 Thaler, je nachdem er
in der Güte geweſen, erkauft habe.

Acht Tage nun nach meiner Gefangen-
ſchaft wurde ausgerufen, daß diejenigen, ſo
ſich hätten aufſchreiben laſſen, wiederum
ins Vaterland zurückzukehren, bey Strafe,
gegeiſſelt zu werden, ſich in Zeit von dreyen
Tagen auf ihrem behörigen Schiffe einſtel-
len ſollten; da war ich nun verlegen wegen
meinem Thee, weil ein Handwerksmann
mehr nicht als fünf Centner mitführen darf.
Dieſes allein iſt einem erlaubt, ingleichem
auch

Wann man den holländiſchen Gulden ehedeme
zu 50 Kreuzer rechnete, ſo könnte man ſagen,
daß ſolche 2 Fl. 30 Kr. oder 1 Rthlr. 16 Sg.
deutſches Geld betrage. Jetzo aber muß ſie,
bey dem hohen Geldcours, wohl 3 Fl. oder
2 Rthlr. werth ſeyn.

auch etwas Meerrohr und Ziz. Specereyen aber mitzunehmen, iſt bey Leibes- und
Lebensſtrafe verboten. Weilen ich aber, wie
kürzlich erwähnet worden, mehr als fünf
Centner Thee hatte, ſo gab ich das übrige
andern mit mir reiſenden Perſonen, welche
nichts eigenes hatten, die mir ſolches für
den dritten Theil mitnahmen, auf. Alsdann
übergab ich meine Haushaltung an denjeni-
gen, der mir meinen Hausrath abgekauft
hatte, und begab mich den 5ten November
1740 wieder auf das Schif, Sara Ja-
coba genannt. Auf unſerm Schif waren
115 Mann, und die Ladung darauf beſtand
meiſtens aus Pfeffer. Mit uns fuhren zugleich noch zwölf andere Schiffe von Batavia ab, und blieben wir auch bey einander,
bis wir an der Cap de bonne Eſperance
oder dem Vorgebürge der guten Hoffnung
anlangten. Dismal hatte ich mich auch
wohl mit Getränk und Eßwaaren verſehen,
damit ich bey meiner Heimreiſe, nicht
ſo, wie auf meiner Herreiſe, Noth leiden
dürfte. Wir hatten auch wenigen Sturm,
bis wir nach Africa kamen, woſelbſten wir
alle in dem Monat Februario 1741 glücklich und wohlbehalten an der Cap de bonne
Eſperance anlandeten.

Hier lagen ſchon ſechs andere holländiſche
Schiffe vor Anker; zwey, die von China, zwey,
die von Bengala, und zwey, die von Zeylon

ge-

gekommen waren. Wir ruheten hier sechs
Wochen lang aus, und bekamen wieder frisches Brod und Fleisch, und weil ich
Kiefer auf dem Schif war, mußte ich mit
den leeren Wasserfäſſern an das Land, um
dieselben wieder zuzurüsten, und mit frischem
Waſſer anzufüllen. Auf dem Lande hatte
ich eine Zelte aufgeschlagen; ich hatte auch
drey Soldaten bey mir, die bey der Nacht
Wache halten mußten, damit keine Fäſſer
gestohlen würden. Ich bestellte für mich die
Kost, und gabe des Tags einen Thaler Kostgeld; dabey hatte ich aber Wein, so viel ich
trinken wollte. Es kamen auch öfters Hottentotten, Manns- und Weibsleute, zu uns
in unser Gezelt, mit welchen wir uns eine
Kurzweil machten, und ihnen so lange Brañte-
wein zu trinken gaben, bis sie trunken worden; da wollten sie aber nicht mehr von
uns laſſen, bis wir sie mit Schlägen und
Stöſſen von uns trieben.

Die Zeit über, so lange wir da lagen,
hat mancher Matrose, der viele Beute zu
Batavia gemacht hatte, mehr als tausend
Thaler verzehret. Ich habe auch gesehen,
wann sie s. h. ihre Nothdurft verrichtet,
daß sie den Hintern mit einem Ducaton *) gewischt, und solchen ins Waſſer geworfen haben.

Unter

*) Den Werth eines Ducatons haben wir S, 171
berechnet.

Unter dieser Zeit, als wir noch da lagen,
kam auch das Reis-Schif von Batavia an,
welches alle Jahre zweymal mit Reis an
die Cap kommt, und dagegen wieder Frucht
nach Batavia führet. Dieses brachte
uns die Zeitung, daß der General von Valkenier die drey vornehmsten Räthe, nemlich den Herrn von Imhof, den Herrn Haß,
und den Herrn Schinne, gefangen nehmen
lassen, und solche nach Holland geschickt:
dann der General wollte die Schuld wegen
der chinesischen Revolution auf gedachte drey
Herren legen, diese hingegen gaben dem
General die Schuld. Derowegen giengen
sie gutwillig nach Holland, damit sie sich
desto besser bey ihren Herren Principalen
verantworten könnten. Dann es war bey
dieser Sache keinem wohl zu Muthe, weil des
Landes Innwohner, die Javanen, die zuvor uns beystunden, und die Chineser auch
halfen todschlagen, sich nun gegen uns Christen aufliesen. Es wurden einem jeden Christen zehen Thaler versprochen, weilen sie
den Sieg bey denen Chinesern davon getragen haben; und aus dieser Ursache be-
gehrten die Javanen eben so viel. Weilen
es aber zu vieles Geld ausmachte, so ist
ihnen solches abgeschlagen worden. Dahero ware man besorgt, sie möchten zu den
Chinesern fallen, (welche noch im Felde stunden),

ben), und also gemeinschaftlich miteinander
die Stadt einnehmen.

Weiters weiß ich von Batavia nichts
mehr zu schreiben, als das, was wir aus
denen öffentlichen Zeitungen vernommen haben; nemlich: daß der Herr von Imhof
als General zurückgeschickt worden; und
daß die Chineser die Stadt nicht eingenommen haben.

Wir bekamen auch Nachricht aus Holland, daß wir nicht zwischen England und
Holland durchfahren sollten, weil England
und Spanien Krieg miteinander hätten.
Da mußten wir nun hinter England,
Schottland und Irrland herum, welches
gerne ein Umweg von 300 Meilen ist. Als
wir nun alle unsere Schiffe mit Wasser
und Proviant versehen hatten, ließ der
Admiral eine rothe Flagge auf seinem
Schiffe wehen, welches das Zeichen war,
daß ein jeder sich auf sein behöriges Schif
begeben sollte. Alsdann kaufte ich mir ein
lebendiges Schaaf, und ohngefähr einen
halben Eimer Wein für 3 Thaler, hundert
Heringe, dreyhundert Zwiebackenbrod, hundert gedörrte Fische, Zwiebel und Kraut.
Dieses alles nahm ich mit auf das Schif,
damit ich, wie gesagt, nimmer Hunger und
Durst, als wie in meiner Herfahrt, leiden
dürfte. So lange wir da vor Anker lagen,

gen, starben zwey von unserm Schiffe in
dem Hausspital, welches mir zu meinem
grossen Schaden und Nachtheil gereichte,
weilen ich diesen beyden von meinem Thee
(welchen ich, wie bereits oben Seite 173
erwähnet worden, nicht mitnehmen durfte)
eine ziemliche Partie um den dritten Theil
übergeben hatte; und hat sich dieser Thee
an Geld wenigstens auf 500 Fl. beloffen.
Dieses mußte ich nun mit dem Rücken ansehen, weilen die Waaren, welche die Ver-
storbene gehabt, in Holland auf das Ostindische Haus in Verwahrung gebracht wurden, bis der Verstorbenen Freunde kamen, und solches abholeten.

Da nun alles in Bereitschaft war, ließe
unser Admiral ein Stück losschiessen, zum
Zeichen, daß alle Schiffe ihre Anker lichten
sollten. Alsdann giengen unserer achtzehen
Schiffe zugleich mit einem Südostwind
unter Segel. So bald wir bey der See-
hunds- und Banditen-Insel *) vorbey waren,

*) Was der Autor unter der Seehunds- und
Banditen-Insel eigentlich vor Inseln verstehe,
können wir nicht sagen, weilen wir nirgends
keine Nachricht davon finden. Es gibt viele
Inseln um Africa und America herum, die
ihrer geringen Beträchtlichkeit halben keinen
gewissen Namen haben, als den ihnen etwann
die Seefahrer selbsten geben, und diese bleiben
so-

M

ren, wurde eine allgemeine Versammlung
auf des Admirals Schif gehalten, und
mußten alle Capitains zu demselben kommen, daß sie sich miteinander verabredeten,
wie sich ein jedes Schif, im Fall der Noth
verhalten solle, und was ein jedes Zeichen
mit Schiessen, Laternenaufstecken, und
Flaggenwehen bedeuten solle. Wir bekamen nun einen guten Wind, so, daß wir
in zehen Tagen zu der Insel St. Helena *)
la-

sodann denen Erdbeschreibern meistens verborgen. Manche sind auch unfruchtbar, und
unbewohnet, oder werden von denen Eigen-
thümern auß dieser Ursache wieder verlassen,
folglich werden sie in denen Erdbeschreibungen
nicht einmal berühret, oder ihr Name kommt
hierdurch in Vergessenheit. Der Autor weiß
nur so viel davon zu sagen: daß man auf der
ersten viele Seehunde schlage, auf die andere
aber die Uebelthäter verbanne.

*) St. Helena wurde erstmals von einem Por-
tugiesen Joh. Pimentel, A. 1502, am Tage
Helena entdecket, daher sie den Namen hat.
Ihr Umkreis ist 6 deutsche Meilen (nicht 7
Stunden), und ihre Felsen reichen bis an die
Wolken. Die Luft ist hier so gesund, daß
die Kranken gleich genesen sollen, wann sie
auf diese Insel von denen Schiffen ausgesetzt
werden. Wie dieses bekannt wurde, so kehr-
ten fast alle Nationen im Vorbeyfahren auf
derselben Insel ein. Das sahen die Portugiesen
gerne, und legten ein Fort darauf an, welches
gleichsam ein Hospital für alle europäische Nationen

kamen, welche 500 Meilen von der Cap de
bonne Esperance liegt. Diese Insel hat
sieben Stunden im Umkreis, und wird von
Engländern bewohnt. Innerhalb acht Tagen kamen wir wieder zu einer Insel, die
200 Meilen von St. Helena lieget, und
auch sieben Stunden im Umkreis hält, die
aber nicht bewohnt ist. Wir passirten mit
einem guten Wind in kurzer Zeit die Linie *),

und

tionen seyn sollte, und sie wollten, vermuthlich aus christlicher Liebe, den Wirth dabey
vorstellen. Die Holländer wollten ihnen dieses Etablissement gerne entreissen; und indeme sie sich darüber noch zankten, kamen die
Engländer, und setzten sich A. 1673 in den
Besitz derselben, sind auch bishero darinnen
geblieben. So theilte der Aff in der Fabel einen Käs, den zwo Katzen gemeinschaftlich entwendet hatten, und die sich über der Theilung
nicht vergleichen konnten. Der Schiedsrichter
schnitte so oft von dem Käs, und zoge jedes
Stück so lange mit der Waage auf, bis endlich gar nichts mehr da war, und die strei-
tende Parthien das leere Nachsehen hatten.

*) Die Linie passiren heisset bey denen See-
fahrern so viel, als unter dem Aequatore
durchfahren. Die Erdbeschreiber und Stern-
seher theilen sowohl die Erd- als Himmelsku-
geln auf denen Karten, jede vermittelst einer
Linie, in zwey gleiche Theile ab; das heißt
man die Aequinoctial-Linie, und wann die
Sonne in den Aequatorem tritt, so sind Tag

und

und hofften nun bald unſer liebes Vaterland
zu ſehen. Als wir aber auf die Grasſee *)
ka-

und Nacht in der ganzen Welt gleich. Auch
haben diejenige, ſo unter dem Aequatore
wohnen, Tag und Nacht ſtets gleich. Hier
überfällt die Seefahrende gemeiniglich eine ſolche groſſe Windſtille, daß ſie nicht von dem
Fleck kommen können; und was das beſchwer-
lichſte dabey iſt, ſo empfindet man, weilen
die Sonne gerade über ihnen ſtehet, hier eine
ſolche brennende Hitze, daß ihnen das Waſſer
öfters verdirbt, und dergeſtalten ſtinkend wird,
daß Würmer darinnen wachſen, auch die armen Leute, wie die Mücken, dahin fallen, und
öfters ſo raſend werden, daß einige in ihrer
Wuth ſo gar GOtt läſtern. — Dieſes hätten
wir ſchon S. 22 fgg. bey des Autors Hinreiſe ſagen ſollen. Da es aber damalen überſehen
worden, ſo wollen wir ſolches hier nach-
holen.

*) Peter Osbeck in ſeiner Reiſe nach Oſtindien
und China, gr. 8. Roſtock 1765, S. 397 fgg.
nennet dieſen Theil des Oceans auch die Grasſee oder das Grasmeer, worinnen die Oſtin-
dienfahrer das Seegras (Fucus natans) in
gröſſerer oder geringerer Menge ſchwimmend
antreffen. Osbeck brachte auch 19 Tage in
dieſer Gegend zu. Er nennet dieſe Staude
ein wanderndes Seegewächs, von welchem einige glauben, daß es von denen africaniſchen
Küſten komme. Er aber hält davor, daß
ſolches von America hergetrieben werde, weilen
ſelbiges in dem Meerbuſen von Florida in groſſer Menge angetroffen werde. Es halten ſich
verſchiedene Fiſche und Krebſe darinnen auf.

kamen, verließ uns der gute Wind, und
da hatten wir, wie gemeiniglich zu geschehen
pfleget, Windstille. Das Wasser siehet
hier von solchen Stäublein, die denen Hei-
delbeersträuchen gleichen, wie eine Wiese
aus. Wem es nicht bekannt ist, der sollte
wohl weiß nicht was wetten, er sehe etliche
Stunden weit lauter Wiesen, und fähret
es sich überaus gut und sanft darüber, so
daß es nicht die geringste Wellen gibt. Wir
brachten wegen der Windstille, wohl bey
sechs Wochen in diesen Wasserwiesen zu,
und fiengen auch aus langer Weile vieles
von dem Gras auf. Darinnen hielten sich
allerhand wunderbare kleine Fischlein auf.
Etliche sahen einem Pferd, *) etliche einer
Kuh gleich, und die übrigen hatten sonsten
noch allerhand sonderbare Gestalten. Woher nun eigentlich dieses Gras komme, davon
hat man unterschiedliche Meynungen. Nur
deren zwey zu gedenken, so wollen einige behaupten: es werde von dem Cap de bonne
M 3
Espe-

*) Anmerkung des Herausgebers. Ich erin-
nere mich, einmal eine dergleichen Seekreatur
in einem Naturalienkabinet gesehen zu haben,
die aus dem mittländischen Meer kame, und
aufgetrocknet ware. Nur der Kopf ist einem
Pferde ähnlich; das übrige gleichet einem
Fisch. Die ganze Figur war eines Fingers
lang, und man zeigte sie mir unter dem Namen eines Seepferdgens.

Esperance so häufig dahingetrieben. Andere hingegen sagen: es müsse solches in dem
Wasser wachsen.

Nachdem wir nun diese Wasserwiesen
zurückgelegt hatten, segelten wir in die spa-
nische See, und bekamen des Nachts um
12 Uhr einen heftigen Sturm. Bisher
waren unsere achtzehn Schiffe in einer
Flotte beysammengeblieben; aber durch diesen grossen Sturm kamen wir dergestalten
voneinander ab, daß bey anbrechendem
Tag nicht eines mehr von dem andern etwas
sahe. Wir mußten auch alle unsere Seegel
einnehmen, Ree *) und Stränge darnieder-
lassen, und ein Beylager **) halten. Es
schlugen uns auch so grosse Wellen in das
Schif, daß wir meynten, dasselbe stehe völlig unter dem Wasser. Dieser Sturm
hielte drey Tage und drey Nächte an. Wir
bekamen unter der Zeit nichts warmes zu
essen

*) Ree oder Raa ist ein langes, rundes, zuge-
spitztes Holz, das an dem Mastbaum querüber
hänget, woran ein Segel geheftet wird. Siehe die Anmerkung Seite 39.

**) Ist ein See-Terminus, wenn man alle Se-
gel einziehen muß. Dann ist es Zeit zu beten.

eſſen, ſondern mußten uns mit eingeſalze-
nem und ungekochtem Speck behelfen. Als
ſich aber der ſtarke Wind geleget hatte, waren wir nicht weit mehr von England, und
lieſſen daſſelbe rechter Hands liegen. Da begegnete uns ein engliſches Schif, welches
von Neugeorgien, oder, wie man hier zu
Lande ſagt, aus der neuen Welt, kame.
Dieſes hatte Volk zu Vermehrung des
Landes hineingeführet, und das Schif wieder mit Waizen und Mehl beladen. Unſer
Schif rufte ihme zu, *) daß der Capitain
auf unſer Schif kommen möchte, um etwas neues von ihme zu vernehmen, wie es
im Vaterland ſtehe. Er kam auch alſobald
zu uns, verehrte uns zwey Fäſſer mit
Mehl, und berichtete uns damals unter andern: daß Kaiſer Carl der ſechſte, die
rußiſche Kaiſerin Anna, und der König in
Preuſſen Friedrich Wilhelm, mit Tod abgegangen wären, worüber wir erſtaunten.

Als wir England, Schottland und Irrland vorbey waren, begegnete uns ein Schif,

M 4

das

---

*) Dieſes geſchiehet durch ein Sprachrohr: dann
die Schiffe kommen nicht ſo nahe zuſammen,
daß man von dem Verdeck oder oberſten Boden des Schiffes miteinander ſprechen, oder
ſich verſtehen könnte.

das auf der Heimreise von dem Wallfisch-
fang aus Grönland begriffen ware; diese
kamen auch auf unser Schif, und gaben
uns Käse und Zwieback für Thee. Sie
waren glücklich, und hatten sechs Wallfische
gefangen. Diese Grönlandfahrer sind gesunde und starke Leute; wir sahen wie tod
gegen ihnen aus. Als wir fast bey Norwegen
waren, und 53 Grad Norderbreite hatten,
veränderten wir unsern Lauf gegen Nord-
Nord-Ost, gerade nach Holland zu. Da
sahe es nun ganz anders aus. Wir waren
bishero in der Wärme; hier aber war eine
grosse Kälte, als wie bey uns hier zu Lande sonsten zur Winterszeit, ob es gleich
schon im Junio war. Es ware auch be-
ständig Tag. Des Nachts um 11 Uhr
gieng die Sonne unter; um 12 Uhr war es
noch so hell, daß man den zärtesten Druck
in einem Buche hätte lesen können; um 1
Uhr gieng die Sonne schon wieder auf.

Als wir Hittland *) ins Gesicht bekamen, sahen wir viele kleine Schiffe, die
Heringe und Stockfische fiengen, davon sie
auch

---

*) Hittland oder Schettland ist der gemein-
schaftliche Name gewisser, an der nördlichen
Spitze von Schottland gelegenen Inseln, deren eigentlich 46 an der Zahl sind, dazu noch
40

auch einige lebendige auf unser Schif brachten. Wir fiengen selbsten eine ziemliche Anzahl Stockfische mit einem Angel. An denselben hatten wir einen andern kleinen Fisch
angesteckt: so bald nun der Angel in das
Wasser kam, hatte schon ein Stockfisch an-
gebissen. Wir hatten von diesen Fischen
genug zu essen, und ist es ein köstliches Essen darum, wenn sie noch frisch sind, sonderlich um den Kopf, welcher fast wie ein
Kalbskopf schmecket. Die rechten Stock-

M 5 fisch-

40 Holme oder kleine Inseln, und 30 Klippen kommen. Der gröste Reichthum derselben
bestehet in den Fischen, welche man daselbst
in unaussprechlich grosser Menge findet und
fänget. Insonderheit verdienen folgende an-
gemerket zu werden: Forellen, Aale, Plltag,
Sillag, Seehunde, Meerschweine, und besonders die Heringe, wie auch die Kabliau
oder Stockfische. Die Holländer kommen alle
Jahre 1000 bis 1100 Seegel stark dahin, um
Heringe zu fangen, welche daselbsten oft in so
grosser Menge angetroffen werden, daß man
zweifeln sollte: ob mehr Fische oder Wasser
vorhanden wäre. Der Ort, wo die holländischen Schiffe zusammen kommen, heißt Bar-
cie-Ree, und ihre Fischerey gehet längst denen
schottischen Küsten hin, bis Yarmouth in
England, und also fast über 200 Meilweges.
Sie fangen ihre Schiffe auf dieser Reise wohl
dreymal voll, und schicken sie nach ihrem Va-
terlande ab.

fischfänger haben einen gegossenen Fisch von
Zinn, so groß als ein Hering, in dessen
Mitte ein Drat durchgehet, woran der Angel gehänget wird. Wenn sie nun einen
solchen ins Wasser hinunterlassen, so meynet der alberne Stockfisch, er erschnappe einen rechten Fisch, und damit ist er gefangen. Sie haben ihrer Hände voll zu thun:
denn sie sind immer mit drey oder vier An-
geln versehen, und bis sie einen Fisch von
dem Angel abthun, ist schon wieder ein anderer gefangen; daher man mit Recht sagen könnte: sie seyen dumme Stockfische,
daß sie sich in so grosser Menge fangen lassen.

Wir fiengen auch andere Fische, die man
Springer nennet. Da wurde nur eine
Feder an den Angel gemacht, und derselbe
einer Ellen hoch über dem Wasser hin und
her geschleudert; da springt nun der Fisch
aus dem Wasser heraus, und meynet, er
sehe einen fliegenden Fisch, schnappet darnach, und damit ist er gefangen.

Als wir bey Hittland vorbey waren, trafen wir unsere Kriegsschiffe an, die uns vollends nach Holland begleiteten. Wir mußten ihnen das ganze Commando völlig überlassen, weilen um diese Gegend noch die
größte

gröſte Gefahr wegen denen Franzoſen zu
beförchten war. Sie verſahen uns auch
mit Butter, Käs, Brod, und Bier, daß
wir dieſes alles im Vollauf hatten, bis wir
den 3ten Auguſt 1741 unſere Reiſe in 9
Monaten und 14 Tagen glücklich vollendet
hatten.

Bey unſerer Ankunft in Seeland warteten ſchon Mittelburgiſche Gewalthabere von
der Oſtindiſchen Compagnie, in einer vergoldeten Jacht auf uns, die uns bewillkom-
meten, und für die gethane getreue Dienſte
ſich bedankten. Alsdann wurden auch unſere Küſten, und was wir ſonſten hatten,
in das Oſtindiſche Haus gebracht, daſelbſt
in Gegenwart eines hierzu Verordneten vi-
ſitiret, und wenn nichts verbotenes darinnen gefunden wurde, ſo konnte man alles
auf dem Oſtindiſchen Hauſe abholen; würde aber im Gegentheil etwas verbotenes
darinnen gefunden, ſo ward der Uebertre-
ter dem Oberſchultheiß übergeben, und derſelbe nach Befinden an Geld, oder auch
wohl gar mit dem Zuchthaus geſtrafet.
Man holete uns ſodann von unſerem Schiff
mit kleinern Schiffen ab, und führete uns in
die Stadt Middelburg. Da wurden wir
von vielen Menſchen umringet, und von ihnen bewillkommet. Ein jeder wollte uns
mit

mit sich in sein Haus nehmen, weil sie
wußten, daß wir brav auszahlen konnten.
Ich nahme mein Logis bey einem Kaufmann,
mit Namen Christoph Reen. Diesem gab
ich wochentlich für Essen und Logis 5 Fl.
Den Wein aber mußte ich besonders bezahlen. Nach dreyen Tagen übergab ich in
dem Ostindischen Hause meine Rechnung an
den Buchhalter, und wurde darauf, nachdem sie probiret war, wegen meiner ver-
dienten, noch rückständigen Gage, richtig
mit 450 Fl. ausbezahlet. Nach diesem
mußten wir auch unsern Thee, und was
wir sonsten hatten, auf dem Ostindischen
Hause abholen. Ich hatte nun mit sieben
Personen zu thun, denen ich Thee für den
dritten Theil mitgegeben hatte. Ich hoffte
nun ein gutes Stück Geld aus demselbem
zu erlösen; währender Zeit aber, daß
ich meinen eigenen Thee nach meinem Logis
führen liesse, giengen mir zwey treulose
Personen durch, denen ich vor 800 Fl. Werth
anvertrauet hatte. Auf der Reise sind mir
auch, wie ich bereits oben S. 147 erzählet,
zwey gestorben, die auch vor 500 Fl. Thee
von mir hatten, folglich kam ich theils
durch einen ohngefähren Zufall um das
Meinige, theils aber wurde ich von boshaf-
ten Leuten darum betrogen. Ich liesse mich
dahero aus Ungedult auf das neue als Corporal

poral engagiren, und verkaufte meinen übrigen Thee, Merrohre, und Ziz, auch was
ich ſonſten noch hatte, um ein Spottgeld.
Doch reuete es mich, noch einmal zur See
zu dienen, und wollte ich, auch zuvor mein
Vaterland wieder ſehen. Ich änderte dahero mein Vorhaben, und reiſete mit einem
Schif auf Herzogenbuſch, von da aber,
mit der Landkutſche auf Maſtricht, Cöln,
Coblenz, Maynz, Frankfurt, Mannheim,
und Heilbronn, und kame, durch die Hül-
ſe und Gnade GOttes wieder glücklich und
geſund in meinem Geburtsort Beutelſpach,
in dem Herzogthum Würtenberg, an, woſelbſten ich mich 3 Monate nach meiner Ankunft zum erſtenmal verheurathete, vier-
tehalb Jahre darauf aber, aus beſonderer
Huld und Gnade meines gnädigſten Her-
zogs und Herrn, als Herrenkiefer bey der
Herzogl. Kellerey in Münſter, (welcher Ort
5 Viertelſtunden von Stuttgart, 1 Vier-
telſtunde aber von Cantſtatt am Neckar abgelegen iſt,) gnädigſt beſtellet wurde; be-
finde mich auch bis auf dieſen Tag, da
ich die zweyte Auflage dieſer meiner Oſtindianiſchen Reiſebeſchreibung herausgebe, im
63ſten Jahr meines Alters, GOtt Lob! annoch munter und geſund, und lebe in der
zweyten Ehe, als Vater von 7 Kindern,
bey meinem, mir von meinem guten GOtt,

wider

wider alles mein Verdienst und Würdigkeit, reichlich zugedachten Stücklein Brods so lange vergnügt, bis es GOtt gefällig seyn wird, nach zurückgelegter meiner Wallfahrt mich in sein ewiges Reich aufzunehmen, wozu Er mir nach seiner grundlosen Barmherzigkeit dermaleinstens aus Gnaden verhelfen wolle.

Amen!